가장 먼저 가족입니다

가장 먼저 가족입니다

발행일	2024년 4월 3일

지은이   김명서, 김지안, 박도경, 박서정, 박진현, 서순자, 임성희, 임효정, 조남희, 조왕신
펴낸이   손형국
펴낸곳   (주)북랩
편집인   선일영   편집   김은수, 배진용, 김부경, 김다빈
디자인   이현수, 김민하, 임진형, 안유경   제작   박기성, 구성우, 이창영, 배상진
마케팅   김회란, 박진관
출판등록 2004. 12. 1(제2012-000051호)
주소   서울특별시 금천구 가산디지털 1로 168, 우림라이온스밸리 B동 B113~115호, C동 B101호
홈페이지 www.book.co.kr
전화번호 (02)2026-5777   팩스   (02)3159-9637

ISBN   979-11-7224-051-6 03180 (종이책)   979-11-7224-052-3 05180 (전자책)

(주)북랩 성공출판의 파트너

북랩 홈페이지와 패밀리 사이트에서 다양한 출판 솔루션을 만나 보세요!

홈페이지 book.co.kr   •   **블로그** blog.naver.com/essaybook   •   **출판문의** book@book.co.kr

작가 연락처 문의 ▸ ask.book.co.kr

작가 연락처는 개인정보이므로 북랩에서 알려드릴 수 없습니다.

가장 먼저 가족입니다

김명서
김지안
박도경
박서정
박진현
서순자
임성희
임효정
조남희
조왕신
지　음

오해, 갈등,
그리고 사랑에 관한 이야기

북랩

_____
추천사

인간은 포유동물 중에서 가장 긴 성장 과정을 거칩니다. 에릭슨은 인간의 자아(ego)에 주된 관심을 가지고 8단계의 과정을 거친 성장을 이야기합니다. 요즈음 세 살 된 손자의 사진을 보면서, 태어나서부터 순간마다 성장해가고 있는 모습을 보며 기뻐합니다. 그 모습 하나하나가 예쁘고 아름답습니다. 그 아이가 내적, 외적 상처 하나 없고 영적인 면에서도 성숙해지기를 바라고 있습니다.

우리 모두의 부모와 가족, 주변 사람들도 우리가 건강하게 상처 없이 잘 자라기를 원했을 것입니다. 그럼에도 불구하고 돌아보면 많은 고통과 갈등, 즐거움, 우울, 슬픔이 있었습니다. 그 순간마다 도와주는 가족, 친지, 친구, 스승 등이 있었습니다. 하지만 그들이 나의 아픔을 충분히 알아주지 못했을 때 외로웠고, 죽음을 생각했으며 인생이 허무했습니다. 그렇게 아픔 속에서 허우적거리고 있다가 좋은 상담사를 만나거나 도움을 받아 이제는 당당하게 자신의 삶을 살아가고 있습니다. 이 책에는 힘든 시절을 겪으며 산을 넘고, 강을 건넌 사람들의 자전적 이야기가 담겨 있습니다.

버트 헬링거 선생에게 '가족세우기'를 하는 이유에 대해 묻자, "나는 생명에 봉사하는 것을 거드는 사람"이라고 했습니다. 가족세우기에 오는 사람에게 생명에 도움이 되는 어떤 것을 주기에 그것은 치료가 아니라고 했습니다. 가족세우기는 가족 또는 다른 관계에서 무엇이 나를 행복하게 하는가를 사람들에게 전달하는 것입니다. 운명적인 얽힘이 무엇인지, 어떻게 작용하는지를 보여줍니다. 그리하여 의뢰인이 가진 삶의 무게를 가볍게 해주고, 살아가는 힘을 갖도록 돕습니다.

가족세우기는 가족 간의 얽힘과 대를 이어오는 얽힘 등을 풀어내는 '가족 대물림 트라우마'를 치료합니다. 또한 개인의 문제뿐 아니라 가족, 집단, 국가의 문제와 다양한 얽힘으로 인한 아픔도 치료합니다. 영혼의 움직임을 살펴 있는 그대로의 삶을 살 수 있도록 도와줍니다.

이 책의 공저자들은 가족세우기를 경험하면서 자신의 얽힘을 풀어낸 사람들입니다. 저자들은 어린 시절 겪었던 상처, 관계에서의 얽힘, 삶의 크고 작은 트라우마를 경험했습니다. 그리고 그것을 치료하고 이겨낸 사람들의 승리를 기록한 것입니다.

저도 다섯 살 때 어머니가 돌아가셨고, 할머니 손에 자랐습니다. 아버지는 아이를 가진 여인과 재혼하여 또 2명의 남매를 낳아 복합 가정을 만들었습니다. 그 속에서 성장했던 나는 많이 우울했고,

초이성적인 책만 보는 아이로 자랐습니다. 고등학교 졸업 후 제 삶의 목표는 변화와 성장이 되었습니다. '나를 성장시킬 수 있다면 모든 시간과 돈을 투자하겠다' 생각했습니다. 그렇게 일생을 살아왔습니다.

1995년 가족세우기를 만나 획기적인 변화를 체험했고, 14년 이상 지도자 과정 교육을 받았습니다. 동시에 가족치료 전문가가 되기 위해 지금까지도 해결중심단기가족치료, 사티어 경험주의 가족치료, 내면아이치료, 게슈탈트, 내면가족체계치료, NLP(neuro linguistic program) 국제공인트레이너, 소메틱테라피 등을 공부하고 있습니다.

그동안 수백 명의 일본 사람을 대상으로 가족세우기를 진행하였고, 러시아와 필리핀에서도 가족세우기 촉진자로 봉사를 하였습니다. 가족치료 상담대학원에서 석사와 박사 과정 학생들에게 가족세우기 강의를 하고 실습을 진행했습니다. 또한 논문도 지도했습니다. 그러면서 제 자신의 성장과 변화에도 많은 도움을 받았습니다. 석사, 박사 과정 학생들과 초청된 내담자들의 삶이 가족세우기를 통해 크게 변화했고 영성적으로도 성숙해가는 모습을 보았습니다.

이 책의 저자들은 가족치료와 가족세우기 과정에서 변화하고 성장한 자신의 모습을 솔직하게 드러내고 있습니다. 자전적 상담치료 사례를 글로 쓴다는 것, 쉬운 일이 아닙니다. 자신이 겪었던 수치스럽고 끔찍했던 아픔과 고통을 솔직하게 표현해야 하기 때문입니다. 수많은 얽힘 속에서 겪었던 고통에서 변화하고 성장하기까지 너무나 힘들었을 것입니다. 그럼에도 불구하고 자신들의 경험을 진술하게 기록하여 독자에게 도움을 주고자 용기를 낸 것입니다. 대단한 분들입니다.

열 명의 작가들은 현재 상담자로 일을 하고 있습니다. 자신의 상처, 트라우마, 가족관계, 대인관계, 사회적 관계 등에서 고통과 갈등, 아픔을 겪었던 사람들입니다. 하지만 가족세우기와 가족상담을 통해 당당하게 세상 앞에 설 수 있는 모습이 되었습니다. 그 과정은 힘들었지만 지금은 있는 그대로 아름답고 평화롭고 자유로운 삶을 느끼고 있는 분들입니다.

지금 저자들은 고통받는 타인들의 하소연을 듣습니다. 자기와 같은 아픔을 겪는 사람들을 돕기 위해 상담을 공부하였고, 동시에 자신의 성장을 위해 부단히 노력하고 있습니다.

솔로를 택하는 시대, 한부모 가정이 늘어나는 시대, 최저 출산율과 인구감소의 시대를 살면서 다양한 부분에서 고통스러워하고 있는 사람들이 많습니다. 특히 가족관계, 대인관계, 인간관계에서 얽힘을 느끼고 힘들어하고 있는 분들이 있다면 작가들의 이야기가 도움이 될 것입니다.

작가의 사례와 나의 사례가 비슷하거나 같은 입장이라면, 자신의 가족과 주변과의 관계에 가족세우기를 적용해보면 어떨까요? 만일 한 사례라도 자신에게 도움이 되어 변화와 성장이 가능하고, 화해와 영혼의 평화, 있는 그대로의 즐거움이 찾아오게 된다면 그걸로 충분히 감사하겠습니다.

그동안 바쁜 시간을 쪼개어 글을 쓴 작가들의 노력에 박수를 보내면서 이 책을 추천합니다.

2024년 4월
가족세우기학회장 오규영 교수

'가족세우기'가 뭐예요? 가족들을 바로 세우는 건가요? 네, 맞습니다. 가족을 제자리에 바로 세우는 심리치료입니다. '가족세우기'를 잘 모르시는 분에게 질문을 받을 때마다 창시자이신 버트 헬링거 (Bert Hellinger) 선생님께서 '가족세우기(Family Constellation)라고 참 작명을 잘해주셨구나!' 감탄을 하게 됩니다. 헬링거 선생님은 전쟁을 겪은 독일의 역사적 배경을 전제로 시대적 아픔과 개인의 고통을 해결하고 화해하기 위한 시도로 '가족세우기'를 창시하셨습니다. '가족세우기'가 한국 사회에 의미 있게 다가오는 것은, 한국전쟁과 분단이라는 비극 속에서 많은 가정들이 해결되지 않은 상처를 가지고 살아가고 있기 때문일 것입니다.

'가족세우기'는 삶의 문제들을 해결하는 전인 치유 프로그램입니다. '가족세우기'란 '개인의 무의식과 가족들의 집단 무의식을 찾는 퍼즐 맞추기'라고 정의합니다. '가족세우기 장'을 통해 나타나는 현상을 보고 치유하는 현상학적 심리치료이며, 의뢰인이 깨달음으로 통찰하게 하는 영성적인 상담 방법입니다. 집단 무의식을 발견한 위대한 정신분석학자 칼 융(Carl Jung)은 자신의 인생에 대해 '나의 생은 무의식의 자기실현 이야기'라고 말씀하셨습니다. 자신도 잘 모르는 무의식을 발견하고 의식화하면서 사는 인생이 너무 멋있어서 모델링하면서 여기까지 왔습니다.

 이 책은 '가족세우기'를 통하여 삶이 변화된 열 분 작가들의 인생 고백입니다. '가족세우기' 프로그램에 직접 참여한 경험담을 있는 그대로 적은 에세이입니다. 개인의 삶을 적나라하게 드러내는 두려움을 극복하며 자신과 가족들의 삶이 변화된 결과를 나누고 싶어 함께 힘을 합쳐 책을 쓰게 되었습니다. 작가들의 진솔한 고백을 읽으시는 분들이 '가족세우기란 이런 프로그램이구나! 그래서 경험한 사람들이 가족세우기를 좋아하는구나!' 생각하신다면, 그리고 이 책을 읽은 독자가 '가족세우기'에 직접 참여하는 계기가 된다면 저자들은 고생하며 쓴 보람을 느끼게 될 것입니다.

 2003년, 후배의 소개로 '가족세우기'와 인연이 되었습니다. 헬링거 선생님의 직계 제자로 한국에 가족세우기를 보급하신 박이호 선생님이 인도하시는 프로그램에 참석했습니다. 처음 참석한 '가족세우기' 장에서 제가 언급하지도 않았던, 6·25 때 총살당해 돌아가신 할아버지를 만나게 되었습니다. 할아버지, 아버지, 그리고 저 자신이 피해자 가족이지만 사람을 죽이고 싶은 살인적인 분노가 내려왔음이 발견된 것입니다. 기존의 상담 방법과 너무나 달라서 큰 충격을 받았습니다. 물론 신선하고 치료 효과가 좋은 경험이었습니다. 2005년부터 본격적으로 박이호 선생님이 이끄시는 '가족세우기' 전문 과정 수련을 받았습니다. 내가 알 수 없었던 개인 무의식과 원가족, 부모님, 선조들의 집단 무의식까지 하나씩 발견하게 되었습니다.

"유레카! 찾았다! 내가 이렇게 살아왔구나! 아버지께서 그런 이유 때문에 폭발적으로 화를 내셨구나!" '가족세우기'를 통해 자아통찰의 길을 걸으며 변화되어가는 과정이 엄청 행복했습니다. 힘들고 고통스러웠던 현 가족과의 관계들도 회복되기 시작하였습니다. 처음에는 '가족세우기'에 대해 부정적 시각으로 바라보던 남편도 이제는 전폭적으로 인정해주는 지지자로 변했습니다. 나를 변화하게 하고 성장시켜준 좋은 도구 '가족세우기'를 만난 것은 행운이라 생각합니다.

'가족세우기'는 수많은 치료 현장에서 참석자(의뢰인, 대역, 관찰자) 모두에게 가족들의 무의식을 현상학으로 보여줍니다. 의뢰인들의 가족을 대신하는 대역을 통해, 감춰져 있던 가족 상호 간 갈등의 근본 원인이 나타납니다. 발견이 치유입니다. 가족들 간에 얽혀 있는 관계가 드러나면서 치유가 시작됩니다. 관계가 꼬여 있던 가족 구성원들에게 '사랑의 질서'를 바로잡아 가족들을 제자리에 세워줍니다.

'가족세우기' 치유 언어를 통해 무질서했던 가족 체계 얽힘이 풀림으로 변화됩니다. '가족세우기'를 통해 가족 간 새로운 질서가 가능해지면서 갈등으로 얽힌 관계가 풀어집니다.

회복된 사랑의 힘이 가족 모두에게 전해져 참석자는 물론 가족

전체에 치유 효과를 볼 수 있습니다. '가족세우기' 경험을 통하여 현실 속에서 서로를 있는 그대로 직면하게 되어 삶을 평안하게 살 수 있습니다. '가족세우기'의 목적은 치료받은 후 각자의 삶 속으로 돌아가 회복된 사랑의 힘으로 가족들과 화목하게 잘 지내는 것입니다. 이것을 생활 속 '가족세우기'라 부릅니다.

인생의 여러 만남들, 선택할 수 없었던 부모님과 자식, 내가 선택한 배우자 모두 가족입니다. 행복은 가족관계로부터 시작됩니다. 하지만 세상에서 가장 어려운 주제가 가족들과 행복하게 잘 사는 것이라는 점을 누구나 다 절감합니다.

'가족세우기'는 가족들과 평안하게 잘 지낼 수 있는 방법을 제시하는 치유 프로그램입니다. '가족세우기' 효과는 사랑의 질서를 회복시켜줍니다. 질서에는 두 가지로 시간의 질서와 조직의 질서가 있습니다. 시간의 질서는 태어난 순서, 조직의 질서는 조직에서 서열의 질서를 의미합니다. 치료 현장에서는 질서에 어긋나 있던 가족 체계가 자신도 모르게 무의식적으로 드러나면서 치료가 됩니다. 얽힘이 풀림으로 회복되면서 질서가 바로 서게 됩니다.

질서에 맞으면 평안합니다.
건강하게 됩니다.
행복합니다.
성공적인 인생을 살 수 있습니다.

독자들이 '가족세우기'와 만나서 가족들과 화목하게 지내시게 되기를 소망합니다. '순간의 선택이 복된 길이었다'라고 감탄하게 되리라 확신합니다.

함께 작업해준 열 분의 작가님들, 친절하게 안내해주신 '글빛백작' 이현주 대표님과 작가님들 모두 고맙습니다.

이 책과의 만남을 선택해주신 독자님들께 감사 인사 올립니다. 진심으로 고맙습니다.

2024년 4월

Joy 행복상담원장 조남희

2장
바람에 흔들리는 모빌, 가족

3장
가족관계의 얽힘과 풀림

4장
있는 그대로, 있었던 그대로

1장

내가
왜
이럴까

무기력은 경험이 아닌 선택이다

- 김명서

'내가 왜 이럴까?' 주제에 대해 생각했다.

상담 공부를 시작하면서 수없이 스스로에게 물어보았다. 지금 느끼는 기분은 무엇인가? 지금 느껴지는 몸의 반응은 무엇인가? 지금의 반응은 나의 것인가, 내담자의 것인가? 수없이 묻고 답하기를 반복했다. 이제는 나의 반응과 내담자의 반응을 구분할 힘이 있다. 그래서일까, '내가 왜 이럴까?'라는 질문에 답을 찾아야 할 필요도 없었고, 궁금하지도 않았다. 스스로 성찰하는 모습에서 문제를 문제로 인식하지 않아 편안해졌기 때문이라고 생각했다. 그렇다. 요즘 나에게는 큰 마음의 동요가 일어나지 않는다. 무엇을 써야 할지, 이게 고민이었다.

공저를 함께 쓰는 작가에게 고민을 말했다.

"작가님 말을 들으니, 억압이 생각나네요."

무의식으로 불쾌한 감정을 억눌러 의식이 떠오르지 않게 억압하고 있다는 말에 잠시 멈칫했다. '억압'이라는 단어에 그대로 머물러 보았다. 지금, 현재 내 상황을 찬찬히 펼쳐봤다. 그럴 수도 있겠다는 생각에 마음이 복잡해졌다.

고등학교 과정 동안 충실하게 공부했던 작은아이는 가고 싶었던 대학에 진학하지 못했다. 정시를 써서 다른 대학에 가자고 권했지만, 작은아이는 재수하겠다고 선언했다. 답답했다. 다시 1년 동안 공부하는 모습을 상상하니 안쓰럽고, 그 시간이 얼마나 힘들까 싶어 마음이 아팠다. 그 결정에 힘을 주고 싶은데 나의 경제적 수익은 넉넉한 편이 아니다. 아무 걱정 없이 공부할 수 있게 도와주지 못해 미안했다. 속상하고 답답했다. 이 마음은 내 것이다. 아이 마음이 아니다. 작은아이는 입시 공부가 쉽지 않다는 걸 알면서도 재수를 결정했다. 그 용기를 칭찬하고 격려를 보내야 하는데 나의 걱정이 가로막고 있었다. 작은아이를 존중해주기로 했다. 그러나 존중하기로 한 생각과 바라보는 답답한 마음이 달라서 힘들었다.

'가족세우기'에서 배운 대로 생각과 마음을 같게 하고자 애썼다. 호흡을 깊게 세 번 했다. 호흡하며 내 안의 감정과 생각, 몸을 살폈다. 마음과 몸이 이완되어 편안해졌다. 호흡을 유지하며 창밖을 바라보았다. 미소가 머금어졌다. 억압이 아닌 조절을 하는 나를 발견했다.

지도교수와 함께 차를 타고 분당에 갈 일이 있었다.

"교수님, 요즘 제가 무기력해요. 예전에도 이런 경우가 있었어요. 남편의 외도로 5년 이상 무기력을 경험했어요. 그땐 작은아이가 막 태어나서 남편 행동에 대처할 수 있는 게 없다고 생각했어요. 그리고 그 일로 15년 넘게 자녀들만 보고 살았어요. 그 시간 동안 행동과 생각이 무기력에 익숙해져서 그런지, 침습이 되어서 그런 건지 머리로는 '아! 지금 무기력하구나! 빠져나와야지' 하는 생각이 들지만, 생각보다 쉽게 벗어나지 않아요. 습관일까요?" 해답을 듣고 싶었다.

"힘들었겠어요."

내려오는 길, 차 안에서 요즘 재수하기로 결정한 아들을 보는 마음이 힘들다고 이야기했다. 힘들다는 마음이 어떤 건지 내 마음을 물었다. 잠시 침묵이 흘렀다.

"표현은 하지 않지만, 속마음은 엄마로서 경제적으로 공부를 잘할 수 있도록 지원해주지 못하는 저의 능력에 대한 한계가 느껴져요. 그래서 마음이 아프고, 그런 자신이 무능력하다고 생각하며 자책하는 내가 있어요"라고 답했다.

그 말을 하면서 무엇을 알게 되었는지 내 생각을 물었다.

'아!'

잠시 후 무엇을 발견했는지 물었다. 내 생각에 대해 다시 표현해서 말해보라고 권했다.

재수를 선택한 아들의 마음이 힘들다는 걸 그대로 인정해주고 지금까지 엄마로서 애쓴 나를 인정하는 마음으로 바라보면서 자책하지 않는다는 말로 바꿔서 표현했다.

"선생님, 지금 마음은 어떤가요?"라는 물음에 그전보다 마음이 한결 가벼워지는 걸 느끼고 있다고 답했다. 내 몸 상태를 살폈다. 눈물이 핑 돌았다. 호흡이 편안해지고 눈물이 멈출 때쯤 말소리가 또렷하게 들렸다.

"선생님은 자책하는 말을 반복하네요."

침묵이 흘렀다.

"무엇을 발견했나요?"라고 물었다.

"무기력하다는 것을 알면서도 빠져나오지 못하는 이유를 알게 되었어요. 자각이라고 생각했던 말들이 자책이었어요. 생각으로는 내 탓을 하고 있지 않았지만, 마음으로는 내 탓으로 받아들이고 그렇게 말하고 있었어요. 온전히 있는 그대로 인정하지 못했어요. 재수하는 아들을 바라보는 답답한 마음에 머물지 못하고, 넉넉하게 경제적 지원을 해주지 못하는 현실에 대해 나를 탓하며 자녀에게 잘해주지 못하는 상황을 안타까워하는 제가 있었어요. 그 상황을 해결하고 싶지만, 해결하지 못하는 나를 자책하며 그런 자신을 부정으로 바라보면서 무기력했던 거예요."

"그럴 수도 있겠네요." 존중해주는 마음이 느껴졌다.

"선생님, 부모는 자녀에게 생명을 준 것만으로 다 준 거예요. 잘해주지 못한 부분에 대해 자책하지 말아요."

머릿속에서는 '13년 동안 상담 공부를 했는데 그동안 무엇을 한 걸까'라는 생각이 떠올랐다. 바로 자책하고 있는 나를 발견했다.

보이기에 바꿀 수 있다. 새롭게 알게 된 생각 패턴을 발견해서 기쁘다. 삶에서 일어나는 일들에 대해 그대로 바라보는 게 어렵다는 걸 새삼 느낀다.

내 삶의 일부는 과거에 머물러 있다. 그로 인해 현재에 살지 못하고 결혼 생활에서 겪은 문제로 고통받았던 과거의 '나'로 살고 있다. 내가 풀어야 하는 문제이며 과제다.

내가 느끼는 무기력감은 과거 힘들었던 경험에서 오는 결과가 아니다. 과거 경험으로 느꼈던 기분이 현재 경험에 작용하여 스스로를 부정적으로 생각하는 현재의 선택이다.

'지금, 여기'에 머물면서 과거가 아닌 현재에 집중하며, 자책이 아닌 자각으로 살아갈 수 있을까! 미래에 내가 행복할 수 있도록 현재 나를 사랑하고 존중하는 마음으로 매 순간 선택하며 살아가는 연습을 시작한다.

오늘도 스스로를 긍정으로 보살펴주는 삶을 시작하게 되어 감사한 하루다.

허당기의 여정

- 김지안

어릴 적 엄마는 나를 '허당'이라고 불렀다. 엄마는 "너는 어떻게 된 애가 똑똑할 때는 허당 짓을 하고, 엉뚱한 데서 헛똑똑이 짓을 하냐!"라는 말을 자주 했다.

허당, 헛똑똑이라는 소리가 나를 비난하는 것 같았다. 여전히 '허당기'는 나의 삶에 자리하고 있다.

찬 바람 부는 겨울에 부산으로 여행을 가게 되었다. 첫 번째 임무는 기차표 예매다. 코레일 앱으로 왕복 기차표를 예매했다.

"맞다. 오는 것도 끊어야지." 기분이 좋아서 콧노래를 불렀다.

"왕복으로 끊어야지"라는 남편에게 "당근이지"라며 왕복으로 186,000원을 결제하였다. 2년 만에 남편과 1박 2일 여행이라 마음은 벌써 부산에 도착해 있었다. 1주일 뒤 드디어 토요일에 KTX를 타고 부산으로 갔다. 겨울의 차가운 바닷바람도 나의 설렘을 식힐

순 없었다. 남편과 손을 잡고 부산 바닷가를 거닐었다. 노점상에서 파는 쥐포와 오징어를 간식으로 먹었다. 지키지 못할 약속인 것을 알지만 남편에게 "앞으로 자주 여행 다니자"라며 부탁했다. 광안리 바닷가에서 소주와 함께 회를 안주 삼아 행복한 모습을 화상통화로 아이들에게 보여주며 하루를 보냈다.

다음 날, "오늘 몇 시 기차지?" "응, 밤 9시 기차야." 다시 확인하라는 남편의 말에 부산역 가서 그때 확인하면 된다고 했다.

시장에서 물건 사는 데 집중하느라 남편의 말에 건성으로 대답했다. 남편과 벽화마을 골목을 걸었다. 어렸을 때 내가 살았던 시골 골목과 비슷하여 그때의 초등학생으로 돌아간 것처럼 포즈를 잡으며 사진을 찍었다. 벽화마을에서 해물탕으로 저녁까지 배부르게 먹고 부산역으로 가는 택시 안에서 기차표를 확인했다.

"어라? 왜 기차표가 없지?"

기차표가 있어야 하는데 예매한 표가 없었다. 몇 번을 확인했지만 기차표는 보이지 않았다.

"여보, 분명 내가 1주일 전에 표를 왕복으로 끊었는데, 왜, 표가 없지? 이상해." 그러자 남편은, "뭐, 표가 없어? 20만 원 가까이 카드 결제했다고 하지 않았어?"라며 카드를 확인해보라고 했다.

1주일 전 카드 대금이 빠져나간 것이 휴대전화에 기록되어 있었다. 그 순간, '오늘 표가 없어서 기차를 못 타는 것 아니야?' 불안과 함께 초조해졌다. 내일 출근도 해야 하고, 오늘 못 가면 내일 첫차로 가야 한다. 시장에서 산 생선도 빨리 냉장고에 넣어야 하는데, 갑자기 짜증이 올라왔다.

"빨리 기차표 있는지 확인부터 하지?"라며 남편은 이마에 내 천자를 진하게 만들고 언성을 높였다.

'참자. 내가 잘못했으니 참아야지.'

다행히 9시 기차가 만석이 아니라 표가 있었다. 표를 다시 카드로 결제하고 부산역으로 이동했다. 슬슬 남편의 비위를 맞춰야 할 것 같아서, "당신 좋아하는 배스킨라빈스 아이스크림 살까?" "아이스크림 같은 소리 하네. 오늘 표 어떻게 된 거야? 그거나 알아봐."

"깨갱, 깨갱" 하면서 내가 불리한 상황이 되면 자주 하는 강아지 흉내를 냈다. 쥐 죽은 듯이 조용히 예매 내역서를 살펴보았다.

'아뿔싸.'

내가 끊은 것은 오늘이 아니라 어제, 토요일 밤 9시 표를 예매한 것이었다. 토요일 아침 7시 표와 토요일 밤 9시, 당일 왕복 표를 끊은 것이다.

나의 허당기로 십만 원에 가까운 돈을 날렸다. 이 돈이면 맛있는 음식 사 먹을 수 있고, 옷 한 벌을 살 수 있는 돈이라는 생각에 허무하기까지 했다.

"아이고, 당신은 돈 많아서 좋겠다. 93,000원이 누구 애 이름이야? 어디다 정신을 두고 사는 거야? 도대체, 당신 같은 사람 있어야 철도청도 먹고살지. 기가 막혀서 말이 안 나오네."

남편의 비아냥에 아무 말도 못 하고 빨대를 꽂은 바나나 우유와 깐 달걀을 남편 입에 넣으며 말하지 못하게 했다.

부산 여행 1년 후, 상담사 교육을 받기 위해 상담하는 선생님들과 대구에 가야 했다. 단일 교육이었지만 대구에 간 김에 다음 날 여행을 하기로 했다. 내게만 코레일 앱이 있어서 어쩔 수 없이 내가 표를 예매했다. '이번에는 실수하지 말아야지' 다짐하며 함께 가기로 한 사람들과 앱을 보며 아침 6시 30분 기차 시간 예매를 반복해서 확인했다.

출발 전날 가방을 챙겨놓았다. 기차 안에서 간단하게 아침을 먹기로 했다. 전날 슈퍼마켓에 가서 구운 달걀과 바나나 우유를 네 사람이 먹을 수 있도록 충분한 양으로 준비해서 냉장고에 넣어두었다. 출발 당일 아침 5시 30분으로 알람도 맞춰놓았다. 다음 날 여행을 생각하며 설레는 마음으로 잠자리에 들었다.

아침에 눈을 떴다. 5시 30분이면 컴컴해야 하는데 베란다로 비치는 빛이 어둡지 않았다. 알람이 울리기 전에 일어났다고 생각하며 시계를 보았다. '아니, 이럴 수가.' 시계는 6시 30분을 가리키고 있었다.

"어, 왜 알람이 울리지 않았지?" 휴대전화를 열었다.

"왜 안 오냐, 전화를 왜 안 받냐, 무슨 일 생긴 거냐, 표 예매한 사람이 안 오면 어쩌냐, 몇 호차인지, 좌석번호를 알아야 기차를 타지." 부재중 전화와 카톡이 쌓여 있었다.

결국 6시 30분 기차를 놓쳤다는 글과 함께 빨리 기차역으로 오라는 내용이다. 기차역에 도착하니 7시 30분이었다. 조금이라도 환불받으려고 헐레벌떡 예매 창구에 갔다. 기차가 벌써 대구를 지났기 때문에 환불받지 못했다. 117,200원을 날렸다. 일행은 나로 인해 오전 교육을 받지 못했다. 일행에게 미안한 마음에 교통비와 함께 점심, 저녁 식사를 내가 사는 것으로 미안함을 대신했다.

남편은 돈을 아끼는 사람이다. 어려운 가정형편에서 장손인 형이 잘되어야 집안이 편하다고, 어릴 때부터 형과 차별을 받으며 자랐다고 했다. 형은 대학원까지 다녔지만, 남편은 돈을 벌어서 장손을 성공시켜야 한다는 부모님을 거절하지 못했다고 했다. 지금도 시댁 거실에는 형의 돌 사진과 백일 사진이 걸려 있는데 남편의 사진은 없다. '가족세우기'에서 남편의 대리인은 울고 있다. 돈을 많이 벌어서 형에게, 부모님에게 보란 듯이 잘살고 있는 모습을 보여주고 싶다고 했다. 형과 부모님께 인정받고 싶다고 했다.

'가족세우기' 장에서 있었던 이야기를 한 후 남편을 안아주었다. 돈에 대해 예민한 남편을 받아들이기로 했다. 나 또한 허당기 있는 행동들을 통해서 나를 한 번 더 살피게 되었다. 이런 나와 내 삶을 함께하기로 했다. 허당기 있고 실수하는 부분도 있는 나를 사랑하고 보호하기로 했다. 앞으로는 허당기를 통해 쉬어가고자 한다.

자기주장은커녕

- 박도경

내가 살던 시골 마을에는 작은 초등학교가 있었다. 학교에는 학년마다 두 개 반이 전부였고, 아이들은 6년 내내 같은 반을 유지했다. 나는 1반이었다. 1반의 반장은 남자아이였고 나는 부반장이었다. 반장은 개그맨을 꿈꾸는, 명랑하면서도 곧잘 아이들을 웃길 줄 아는 남학생이었지만 나는 있는 듯 없는 듯 딱히 특별한 역할 없이 지냈다.

3학년이 되었다. 음악 선생님께서 독창을 권하셨다. 대회가 있는 날까지 매일 남아서 발성 연습을 한 뒤 '나뭇잎 배'를 부르고 또 불렀다. 그 무렵 2반 반장이었던 여자아이와 함께 웅변을 시작했다. 글짓기 대회나 독후감 공모가 있을 때면 글을 지어 오라고 하셨다. 또 언젠가부터는 21번 빨간색 유니폼을 입고 배구장 네트 앞에 서 있었다. 서브를 받아내던 손목에서 한 차례 피딱지가 벗겨진 뒤 커다란 배구공과 가까워졌던 기억이 있다. 5학년 때부터인가 보다. 꿈이 화가였던 희재 옆에서 수채화 대회를 준비하며 그림을 그리기도 했다. 6학년 때부터는 육상부에 합류해 아침마다 학교 동산을 넘어 달리기를 했다. 친구들보다 키가 먼저 큰 나는 뒤에서 두 번째 자리에 섰다. 조회 시간 연단에 불려 나가 상을 받는 일도 잦았다. 6학년 졸업을 앞둔 겨울방학에는 자유 교양 프로그램에 참여했다. 지금껏 공부를 따로 해본 적이라고는 없었다. 겨울방학 학교에서 교양 독서와 약간의 자율학습을 했다. 그 덕분인지 여학교에 들어가며 장학금이 주어졌다. 차석이라고 했다.

조회 시간 연단에 올라 큰 소리로 웅변을 외치기도 하고, 내 목소리로 녹음된 애국가가 운동장에서 흘러나왔음에도 여전히 나는 부끄럼 많고 말수 없는 소극적인 아이였다.

명절에 큰할아버지 댁에서 큰집 제사를 지낸 뒤, 우리 집 제사를 지내러 한 무리의 친척들이 몰려올 때면 부엌으로 들어가 숨기 바빴다. 부끄러움이 많았기에 엄마가 이번만은 제발 딸 자랑을 하지 않았으면 하고 바랐다. 친척 어른들의 질문에 대답할 때면 언제나 내 얼굴 앞쪽으로 귀를 바짝 대곤 하는 말이 있었다.

"뭐라고? 너무 작아서 잘 안 들려, 다시 크게 말해봐!"

낯설거나 불편한 상황이 벌어져도 꼭 해야 하는 말 외에는 달리 말하지 않았다. 논리적인 주장이나 설득은 고사하고 의사를 표현하는 일조차 드물었으니 오해를 사는 일도 생겨났고 누명을 쓰기도 했다. 중학교에 다닐 때였다. 오일장이 서는 어느 날이었다. 이장님 댁에서 전화를 받고 온 아버지는 알 수 없는 표정으로 오늘 시장에서 무슨 일이 있었는지 물었다. 얼마 지나지 않아 다시 경찰서에서 전화가 온 뒤 의문은 풀렸다. 학교를 마치고 시장에서 잠시 스쳤던 아이였는데 물건을 훔치고는 내 이름을 둘러댔던 모양이었다. 나는 평소 내가 하지 않은 일에 대해 해명할 필요를 느끼지 못했고, 다른 사람의 일에도 그다지 관심을 두지 않는 편이었다. 그러니 소통은 서툴렀고 의도와 달리 내가 하는 말이 왜곡되는 경우도 흔했다. 그때는 왜 그런 일이 생기는지 도무지 알 수 없었다.

중학교 시절 내 머릿속은 많은 생각들로 가득했다.
작은오빠는 나에게 이렇게 말했다.
"너는 생각이 너무 많아"라고.
또 어느 선생님께서는 이렇게 말했다.
"너는 좀 특별해 보인다. 언니 같아 보여!"라고.
'우리 집은 왜 가난할까?'라는 물음부터 시작해 사춘기 무렵에는 '아무것도 아닌 존재였던 내가 도대체 어떻게 생겨났을까? 이전에는 무엇이었을까? 죽은 후에는 또 어떻게 되는 것일까?' 한동안 이런 생각에 빠져 있기도 했다.

평소 아버지는 군자와 소인의 이야기를 자주 하셨다. 그중에는 말에 관한 이야기가 많았다. 빈 수레가 요란하다며 말보다는 겸손과 내면의 실력이 중요하다고 말씀하셨다. 식사 시간이 되면 아버지와 큰오빠 상은 따로 차려졌으며, 밥 먹는 동안 음식을 씹으며 말을 하는 경우는 없었다. 여자들의 말소리와 웃음은 담장을 넘어가면 안 되었고, 아이들끼리의 작은 다툼도 큰소리가 나기 전 마무리되었다. 주어진 것에는 물 흐르듯 거스름이 없어야 했고 불편하면 불편한 대로 순응하는, 조금은 엄격한 삶이었다.

　나는 착하고 모범생이었던 큰오빠가 좋았다. 오빠와 친하게 지내던 몇몇 친구들이 종종 집으로 놀러 올 때면 나에게 말을 걸기도 했는데, 시내에서 온 그 오빠들도 참 좋았다. 큰오빠 친구들은 모두 좋은 사람 같아 보였다.

　그런 오빠가 대학을 졸업하고 직장 생활을 시작한 지 몇 년 지나지 않아 결혼을 했다. 오빠가 아니면 안 된다고 적극적인 구애를 편 아가씨와 결혼한 후, 그렇게 착하고 효자였던 오빠가 변하기 시작했다. 모든 기준이 오빠가 아닌 언니에게 맞추어져 있었고, 모든 관심이 우리 가족이 아닌 언니에게로 향하고 있었다. 오빠를 빼앗긴 것 같은 알 수 없는 상실감과 질투가 일었다. 몇 해가 지나 오빠는 중견 직장인이 되었고, 아이들을 미국으로 유학도 보냈다. 가끔 들렀던 오빠 집과 시골 부모님 집의 살림살이가 내 눈에 점점 크게 들어왔다. 두 번이나 갓난아이를 잃었던 부모님께서 노심초사 백일 불공 끝에 얻은 장남이어서 부모님의 관심과 사랑을 독차지했던 오빠였다. '장남인데 부모님 좀 돌보지, 연로하신 부모님은 시골에서 농사짓느라 손마디 하나 성한 데가 없는데….'

　점점 불만이 커질 무렵 명절이 다가왔다. 서울에 살고 있는 오빠가 내려왔다. 조용하고 순한 우리 가족과는 달리 언니는 너무도 적극적이었다. 화장한 얼굴도, 길게 늘어뜨린 파마머리도, 심지어 손가락 발가락까지도 내 눈에는 모든 게 거슬렸다. 무엇 때문이었는지 자세히 기억나지는 않지만 셋째 언니가 올케언니에게 한마디 했고 두 언니 사이에 팽팽한 긴장감이 흘렀다. 엄마는 중간에서 어느 편도 들지 못한 채 난처해하셨다.

잠깐의 신경전이었지만 내 맘은 무척 복잡했다. 그날 밤은 잠을 이루지 못했다. 올케언니를 혼내주고 싶었고, 올케언니 편을 드는 오빠가 미웠다. '부모님 사는 모습이 안 보이냐고….' 속으로 수없이 말했으나 대단치도 않은 그 말을 밖으로는 한마디도 내뱉지 못했다. 표현하지 못한 허망한 생각들은 내면에서 점점 부풀어 산처럼 쌓여만 갔다.

뒤늦게 상담 공부를 시작하고 '가족세우기'에 참여하면서 말문이 트였다. 그러나 아직도 자신을 쉽게 표현하지 못할 때가 있다. 예전과 달리 많은 사람들이 자신의 의견이나 개성을 적극적으로 표현하는 시대에 살고 있지만 나는 아직 갈 길이 멀다.

당신은 왜 그래?

– 박서정

 2016년 봄빛 따스하고 기분 좋은 5월 오후, 모처럼 주말에 '가족세우기' 워크숍이 있어 차를 몰고 천안으로 달렸다. 난 10년 넘게 상담을 공부했고, 다양한 심리치료 작업을 경험하였다. 미술치료, 놀이치료, 가족조각치료, 게슈탈트치료 등등. 하지만 그중에서도 '가족세우기' 치료는 파격적이었다. 소속과 질서, 그리고 사랑의 균형을 통해 드러나지 않은 가족 내면의 역동을 알아차리게 돕고 깨닫게 해준다. 가족이 온전하게 기능할 수 있도록 도와주는 치료 작업이 매우 흥미로웠다.

 그래서인지 워크숍에 가는 길이 막혀도 전혀 피곤하지 않았다. 오늘따라 청아한 하늘색에 걸쳐 있는 구름도 살랑거리며 내 기분을 맞춰주는 듯했다. 귀에 익은 전원 교향곡이 오늘의 일정을 차분히 생각할 수 있도록 도와주었다. 오늘은 어떤 선생님들이 오실까? 어떤 '가족세우기'를 진행하게 될지 기대 반 설렘 반으로 지난 워크숍을 떠올렸다. '가족세우기'라는 상담치료를 알게 된 지 서너 달쯤 지났을 때였다.

 그때 나는 대리인 역할을 맡게 되었다. 대리인은 의뢰인의 가족 구성원을 대신하는 사람을 말한다. 나는 대리인 경험이 많지 않았기에 두렵고 긴장된 마음으로 '가족세우기' 장(場)으로 들어갔다(가족세우기 장은 '형태형성장'의 가설에 따른다. 보통 '형태장'으로 표현하는데, 이곳에서는 기억의 공유가 가능하며 이를 공명이라고 한다. 가족세우기 장에서의 공명은 대리인의 역할을 맡은 사람이 그 대리인의 생각이나 행동을 그대로 재연하게 한다. 그리고 그곳에 있지 않은 가족들에게 영향을 미친다).

 '헐, 이게 대체 뭐지?' 갑자기 내 몸이 위로 솟구치는 느낌을 받았다. 목에는 힘이 들어가면서 어깨까지 떡 벌어졌다. 그리고 두 손은 양쪽 허리춤에 놓였다. 나는 그 누구도 감히 나를 쳐다보거나 나에게 함부로 말을 걸지 못할 모습으로 변했다. 난 거대한 체구의 남자가 되어 주변을 예의주시하며 눈에 힘을 주고 있었다. 내 앞에는 한 여자가 서 있었고, 그 여자는 내가 사랑하는 부인이라는 느낌이 들었다. 그리고 그 주변을 맴도는 별 볼 일 없는 남자들도 여럿 있었다.

 '어디서 저런 조무래기들이 옆에 꼬인 거지? 조금이라도 움직이기만 해봐.' 겉으로 표현하지는 않았지만 내 머릿속에는 욕설 같은, 거침없는 단어들이 떠올랐다. 그리고 오직 부인을 지켜야 한다는 생각뿐이었다. 나는 그 누구도 어림없다는 듯, 조금의 흔들림 없이 굳건하게 그 자리를 지키고 있었다. 내가 보호해야 할 사랑하는 부인 역시 겁에 질려 꼼짝하지 않았다. 그 모습이 안타까웠지만 허점을 보일 수 없었다. 다행히 아무 일도 일어나지 않았고 그렇게 장을 마쳤다.

나는 본래의 내 모습으로 돌아오기 위해 장에서 나왔다. 소름이 돋았다. 어쨌든 난 막강한 권력을 가진 남자 대리인의 역할을 무사히 해냈다. '가족세우기'를 알고 난 후 최초의 대리인 경험이라 가장 기억에 남는다.

지난 주말 진행되었던 워크숍에는 제주도에서 비행기를 타고 오신 선생님도 계셨고, 먼 시골에서 이른 새벽부터 오신 선생님들도 계셨다. 새삼 다들 대단하다고 생각했다. 어떤 에너지가 이들을 이곳으로 이끌었을까? 오전 세션이 진행되었고, 너무 몰입한 나머지 어느새 점심시간이 되었다. 우리는 차를 나누어 타고 지중해마을로 향했다. 그런데 차 안에서 남편의 전화를 받았다. 컨디션이 좋지 않고 한쪽 팔이 마비되는 느낌이라고 했다. 염려는 됐지만, 옆에 다른 선생님들도 계셨기에 편하게 쉬고 있으라고 말하고 서둘러 전화를 끊었다. 그리고 한 5분쯤 지났을까, 옆자리에 앉아 있던 선생님이 내 손을 잡으며, '왜 이렇게 손을 떨고 있냐?' 물었다. 난 무슨 말인지 영문을 몰라서 내 손을 내려다보았다. 내 손은 내 의지와 상관없이 덜덜 떨리고 있었다. 순간 당황해서 얼른 두 손을 잡았다. 점심 식사 후 차를 마시면서 교수님께 무의식 중에 손을 떨고 있던 상황을 말씀드렸더니, '가족세우기'를 통해 알아보자고 했다.

내가 의뢰인이 된다고 하니 갑자기 겁이 났다. 지금까지 단 한 번도 의뢰인이 되어 '가족세우기'를 해본 적이 없었다. 내 가족이 세워지는 것이다. 내가 모르는 가족의 모습을 보게 될 것 같아 겁도 났지만, 호기심도 생겼다. 나도 잘 받아들일 수 있을까? 심호흡을 하고 차분하게 나를 위해 펼쳐진 이 장에 모든 걸 맡겨보기로 했다. 두 명의 대리인이 남편과 나로 마주 보고 서 있었다. 나를 대신한 대리인이 남편 대리인을 바라보고 남편이 갑자기 없어질 것 같다며 두려움을 표현했다. 교수님은 의뢰인인 나에게 가족 중에 갑자기 돌아가신 분이 계시냐고 직접 물어보셨다. 난 30년 전에 주무시다가 갑자기 돌아가신 아버지에 대해 말씀드리며 갑자기 차 안에서 남편과 통화한 내용이 생각났다. 교수님께서는 내가 무의식 속에서 남편 역시 아빠처럼 갑자기 사라질까 불안한 생각을 하고 있다고 설명해주었다. 짧은 시간에 무의식의 불안을 탐색하는 '가족세우기' 장이 끝났다. '가족세우기'를 통해 의뢰인이 되고 보니, 돌아가신 아버지를 향한 애도 작업이 충분치 않았음을 알게 되었다.

사실 나는 갑자기 돌아가신 아버지를 대신해 남편을 아버지처럼 의지하고 살았다. 잊고 있었던 사실을 확인한 순간 마음이 이상하리만큼 불안하고 우울해졌다. 그리고 평소 남편에 대한 많은 원망의 말들이 떠올랐다. '우리 아빠는 늦은 밤 문단속을 잘하는데 당신은 왜 안 해?', '우리 아빠는 애들 교육 때문에 우리를 많이 데리고 다녔는데, 당신은 어떻게 애들 아빠가 돼서 꼼짝을 안 하냐? 그런 건 가장이 해야지.' 돌이켜 생각하니 나는 남편의 모든 행동 하나하나를 돌아가신 아버지와 비교하고 있었다. 그러면서도 좋을 때는 한없이 좋아 애교를 부리며 옆에 꼭 붙어 있었다.

'어떻게 그럴 수 있지?' 난 지금까지 돌아가신 아빠와 남편을 비교해왔다는 걸 전혀 알아차리지 못했다. 무의식적인 행동이라 그런가? 긴 세월 남편에게 아버지의 모습을 투사하며 살고 있었던 나를 이제야 알게 되었다. '나로 인해 남편 역시 힘들었겠구나' 생각했다. 늦게나마 '가족세우기'를 통해 알게 된 것이 신기했고, 다행이라고 생각했다. 그 이후 나는 남편을 있는 그대로 보기 위해 노력하게 되었고, 순간순간 불쑥 떠오르는 생각은 있었지만 겉으로는 더 이상 아버지와 비교하는 그 어떤 표현도 하지 않게 되었다.

나는 모든 게 잘될 줄 알았다

- 박진현

밤 10시, 한산한 고속도로를 타고 집으로 가는 길이다. 달리는 차 안에는 조용한 음악이 흐르고, 반복되는 차선을 보며 생각에 잠긴다.

결혼한 지 12년이 지나 새로이 상담 공부를 하러 대학원에 다니기 시작했다. 공부를 마치고 천안에서 두 시간이나 걸려 돌아오는 이 시간, 나에게는 참 귀하다.

결혼하고 내가 꾸린 가정은 당연히 화목할 줄 알았다. 물론 남편과의 관계도 시간이 지날수록 단단해지리라 생각했다. 나의 부모님은 서로를 위해주고 사랑하며 의지하는, 하나밖에 없는 단짝이었다. 그러기에 나도 남편과 그렇게 살게 될 것이라 믿었다. 그러나 내 예상은 어긋나기 시작했다.

결혼하고 바로 임신했고, 얼마 지나지 않아 시부모와 함께 살게 되었다. 우리 부모에게 사랑받는 막내딸이었기에 시부모에게도 당연히 사랑받는 며느리가 되리라 생각했다. 그 역시 나의 예상과는 어긋났다. 시어머니는 나의 엄마가 아니었다. 시어머니는 자식 중 남편이 자기를 가장 많이 닮은 아들이라고 했다. 어릴 적부터 맛난 것이 생기면 엄마 입에 꼭 먼저 넣어주었다며 얼마나 사랑스러웠는지 항상 얘기하셨다. 나는 시어머니에게 맞추는 것이 남편에게 맞추는 것이라 생각했다. 나의 욕구나 의견을 내세우기보다는 시어머니가 하자는 대로 따라 생활했다. 그러나 돌아오는 답은 항상 부족하다는 핀잔뿐이었다.

"모성애는 언제 생기는 거예요?"

병원 수유실에서 다른 산모들에게 물어보았다. 첫째 아이를 낳고 산후 우울증이 찾아왔다. 당시 나는 알 수 없는 무력감을 경험하고 있었다. 임신 5개월쯤 시어머니를 따라 밭을 일구다가 배가 딱딱하게 뭉쳐 병원에 갔다. 조산의 위험이 있다고 하였다. 첫 임신이라 아는 것도 없고 겁이 많이 났던 터라 조심 또 조심하였다. 아이를 무사히 낳아야 한다는 생각뿐이었다. 배 속의 아이가 십 개월을 다 채우고 무사히 태어난 것에 감사하고 기뻤다. 그러나 아이는 시도 때도 없이 울었고 처음 출산을 한 나는 몸도 아프고 왠지 모를 우울감이 자꾸 몰려들었다.

수유실에서 아기에게 젖을 물리는 엄마들의 모습은 하나같이 평화롭고 아이를 바라보는 눈빛은 따뜻했다. 그에 비해 나는 힘이 들었다. 젖이 나오지 않아 찢어지게 아픈 몸 때문이었다. 아이가 사랑스럽기보다는 버거웠다. 나는 아이를 낳으면 모성애가 저절로 생기는 줄 알았다. 그러나 하루하루 지나가도 아이가 예쁘기보다는 부담스러웠다. 그런 나의 마음이 아이에게 전해질까 죄책감도 들었다. 나의 물음에 네 번째 출산인 언니가 빙그레 웃으며 아이를 키우면서 저절로 느껴진다는 얘길 해주어서 안심이 되었다.

어느 날인가 아이가 아파 열이 많이 났다. 밤새 울다 축 처져 내 품에 힘없이 안겨 있는 아이의 모습을 보니 너무 안쓰러웠다. 아이가 나을 수만 있다면 무엇이든 하겠구나 하는 마음이 들었다. '아, 아이를 온전히 지킬 수 있는 건 엄마인 나밖에 없구나'라는 생각이 들면서 아이에게 모든 사랑이 다 갔던 것 같다. 그 후 나를 돌보는 것은 뒷전이었고 아이를 위해 어미로서 살게 되었던 것 같다.

남편은 늘 바빴다. 매일 늦게 오거나 못 들어오는 날이 허다했다. 시골이라 갈 곳도 없는 신혼집에서 자연스레 대부분의 시간을 시어머니와 보내게 되었다. 시어머니는 부지런하고 욕심이 많은 분이었다. 그런 시어머니 눈에는 나의 모습이 한없이 게을러 보였을 것이다. 친정에서는 존재만으로도 귀여움을 받던 막내딸로 살다가, 시집와서는 하는 것마다 못마땅한 며느리로 살아가는 것이 만만치 않았다. 아이는 밤낮없이 울어대고, 출산한 몸은 맘처럼 따라주지 못했으며, 남편은 만날 시간도 없이 바쁘고, 나를 쫓아다니며 잔소리해대는 시어머니와의 생활은 나에게 버거웠다.

외출했다가 집으로 돌아가는 발걸음은 천근만근 무거웠다. 4층에 있는 집으로 가는 계단이 끝나지 않기를 바라며 올라갔다. 남편과 서울에 다녀오는 날이면 집에 가기 싫은 마음에 사고가 나서 나만 죽어버렸으면 좋겠다는 생각도 종종 했다. 점점 골이 깊어지는 고부간의 갈등으로 '원래 나는 이런 사람이었나?' 하는 생각까지 들었고 나의 자존감은 바닥이 났다.

7년째에 분가를 하게 되었다. 아이들 학교 핑계를 대고 근처 시내로 나왔다. 끊이지 않는 고부간의 갈등으로 남편도 괴로웠던지 결단을 내렸다. 나는 믿기지 않을 정도로 기뻤다. 그러나 분가만 한다면 모든 게 다 잘되리라는 기대와는 달리 심한 우울감이 찾아왔다. 그동안 시댁에서 억지로 버티고 꾹꾹 참아왔던 마음이 무너졌다. 금방 나아질 줄 알았다. 그러나 우울감은 점점 짙어지고, 시어머니에 대한 분노는 걷잡을 수 없이 커졌다. 3년 동안 무기력해 아무것도 할 수가 없었다.

이대로는 안 될 것 같아 남편에게 정신과에 가든지 상담 공부를 하든지 해야겠다고 말했다. 병원보다는 차라리 공부가 낫겠다며 허락해주었다. 그렇게 해서 나는 두 시간 동안 고속도로를 달려 학교에 다니게 됐다. 처음에는 시어머니와 멀리 떨어진다는 것만으로도 홀가분한 마음이었다.

순진하게도 나의 삶은 평탄하게 흘러갈 줄 알았다. 그러나 삶은 만만치 않았고 나의 마음은 버티질 못했다. 그 당시 모든 잘못은 내가 아닌 남 탓, 환경 탓이라 생각했다. 상담을 공부하며 나의 어지럽고 무기력했던 마음이 이해되고, 인정받는 것 같아 위로도 되었다. '나'라는 사람에 대해 알게 되었고, '내가 사는 삶'은 왜 그렇게 힘이 들었는지 깨달았다. 내가 나를 놓친 것이다. 그저 순리대로 살면 잘 살아갈 수 있으리라 생각했다. 그러나 나는 무너졌다. 더 암담했던 건 어디에서 잘못되었는지, 어떻게 답을 구해야 할지 몰랐던 것이다. 나를 돌보지 않았던 값은 매섭고 아팠다. 다시는 아프던 그 시절로 돌아가고 싶지 않았다. 나를 되찾기 위해 나는 할 수 있는 한 온 힘을 다했다. 스스로를 치유하는 것이 절실했다. 마치 병원에 다니는 것처럼 말이다.

"그렇게 멀리서 오는데 안 힘들어요?"

선생님들은 하나같이 놀라며 안쓰러워했다. 학교에 가려면 고속도로를 타고 꼬박 두 시간을 운전해서 가야 했다. 공부를 마치고 집으로 돌아오는 시간은 늘 자정을 넘기기 일쑤였다. 그럼에도 나는 전혀 힘이 들지 않았다. 오히려 좋았다. 아마 집이 가까웠다면 수업 중 내가 깨달았던 부분들을 마저 정리하지 못하고 일상생활 속으로 들어갔을 것이다. 그러나 고속도로에서의 시간은 나에게 공부했던 내용을 곱씹으며 낮에 흘렸던 눈물을 다시금 흘리고 생각을 정리하게 해주었다.

치유의 과정에서는 상처를 바라보고 아픔을 꿀꺽 삼키는 시간이 필요하다고 한다. 집으로 오는 두 시간은 나에게 그 아픔을 꿀꺽 삼킬 수 있는 귀한 시간을 허락해준 셈이다. 짙은 어둠을 뚫고 곧게 뻗은 고속도로를 바라보며 내 마음을 들여다보고 있으면 어느새 우리 집으로 가는 톨게이트가 나온다. 숨을 깊게 내쉬고, 눈물을 닦고, 나에게 깊은 사색을 허락해준 시간에게 고개를 숙여 감사를 표한다.

공부에 대한 허기를 채우다

- 서순자

중학생이 되었다. 영어 시간이었다. 초등학교 때 배운 적이 없는 과목이기 때문에 잔뜩 기대가 되었다. 영어 선생님이 알아듣지도 못하는 꼬부랑 글자를 읽어주었다. 에이, 비, 씨 알파벳을 따라 읽고, 따라 썼다. 일주일이 지나니 친구들은 모두 알파벳을 익혔다. 나는 아직도 헤매고 있었다. 호기심으로 기대에 찼던 영어 시간은 이제 지옥 시간으로 변해갔다. 친구들은 잘하는데 나만 모르는 것이 속이 상했다. 친구들이 잘하는 것이 신기하고 부러웠다. 아빠가 큰 회사 사장님인 친구는 미리 배워 왔는지 영어를 잘했다. 그래서 선생님을 대신해서 영어 문장을 읽어주곤 했다. 영어 선생님 대신 수업을 하기도 했다. 잘하는 친구와 비교되어 나는 완전히 쪼그라들었다.

점점 영어는 나와 담을 쌓는 과목이 되었다. 고등학교 1학년 담임이 영어 선생님이었다. 어느 날 담임 선생님이 교무실로 불렀다.

무작정 나에게 "치마 잡고 엎드려뻗쳐" 하더니 대걸레 자루로 내 엉덩이를 마구 때렸다.

"너, 날 무시하냐? 너 다른 과목에 비해 영어만 바닥인 이유가 뭐냐? 너, 지금부터 영어책 10번 읽고, 10번 쓰고, 본문을 외워 와!"

억울했다. 영어 못하는 나도 속상했다. 영어 수업 시간에 아무리 집중해도 안되었다. 재미는 없었지만, 수업 시간에 열심히 하려고 애썼다. 그래도 수업을 따라갈 수 없었다. 1학기 기말고사가 끝난 후 영어 선생님이 네 명을 불러 직접 무료로 영어 과외를 해주었다. 그때부터 영어에 대한 허기가 줄어들었다.

음악 시간이었다. 남자 음악 선생님의 선창 소리가 호기심을 자극했다. 선생님 따라 합창을 시작했다. 나는 아주 작게 소리를 냈다. 노래는 딴따라들이 하는 거라고, 아버지가 늘 말해왔다. 선생님이 이상한 할아버지 소리가 난다고 하면서 우리 분단으로 걸어왔다. 그게 나인 것 같았다.

"어? 참, 이상하네. 내가 가면 그런 소리가 안 나네. 허, 참."

내가 그 목소리의 주인공이었다. 겁에 질린 나는 선생님이 다가오면 일부러 소리를 안 냈다. 그러나 음악 실기 시험은 한 명씩 보니 소리를 안 내고 넘어갈 수 없기에 고민이 되었다. 노래로 시험을 본다는 선생님 말씀은 음악 시간에 대한 호기심을 걱정으로 바꾸어버렸다. 그렇게 걱정하고 있는 나에게, 학교 관현악부에 들어가면 음악 실기 시험은 무조건 백 점을 준다는 소식이 들려왔다.

난 망설일 필요가 없었다. 바로 신청했다. 이렇게 해서 나에게 음악을 배울 기회가 왔다. 더군다나 3년 내내 바이올린을 연주하는 방과 후 활동은 집과 학교밖에 모르던 나에게 생기를 불어넣어 주었다. 그 당시 대회 나갔던 연주곡, 모차르트의 '터키 행진곡'은 지금도 즐겨 듣고 있다. 노래 부르는 것은 지금도 꽝이지만, 음악을 즐길 수 있을 만큼 음악에 대한 허기를 채우게 되었다.

고등학교 입학 때부터 학교 다니는 게 쉽지 않았다. 아버지는 '여자는 중학교까지만 공부해도 충분하다' 하는 생각을 가진 분이었다. 여자는 학교 다니는 것보다 얌전히 있다가 시집 잘 가는 것이 중요하다는 소리를 누누이 들어왔다. 정 고등학교에 가겠다면 상업고등학교에 가서 은행에 취직하라고 했다. 고등학교 진학을 위한 입학원서를 안 내는 내 마음을 담임 선생님이 아셨나 보다. 중학교와 같은 재단인 사립 고등학교에 3년간 장학생으로 다닐 수 있도록 추천을 해주었다. 덕분에 부모님의 도움을 받지 않고 무사히 고등학교를 졸업할 수 있었다.

고등학교 3학년 2학기, 모든 친구가 대학입학예비고사 원서를 쓸 때였다. 작은오빠가 나를 불렀다.

"너희 담임한테 전화 왔다. 네가 예비고사 원서를 안 내고 있는데, 집에 무슨 일 있냐고 하더라."

"아버지가…."

"얘가 미쳤나! 아버지가 안 보내주면 내가 보내줄 테니 내일 당장 가서 원서 내라!"

대학 들어가서 처음 보는 중간고사 시험 기간이었다. 학교 도서관에서 시험 준비를 했다. 밤 9시, 서둘러 짐을 챙기고 버스를 탔다. 정류장에 내려서 공부한 내용을 되새기며 집으로 부지런히 발걸음을 옮겼다. 갑자기 뒤에서 뚜벅뚜벅, 투박한 남자의 발걸음이 계속 나를 따라오고 있는 게 느껴졌다. 무서운 생각이 왈칵 들어 뒤도 돌아보지 않고 앞으로 내달렸다. '허허, 헉!' 엄마를 부르며 대문을 밀고 들어갔다. 내가 불러도 엄마가 내다보지 않았다. 따라오던 발소리가 우리 집 대문 앞에서 같이 멈췄다. 그때 대문이 쓱 열리며 그 발소리가 다시 크게 들려왔다. 나도 모르게 눈을 질끈 감고 소리 질렀다. 다급한 내 목소리에 식구들이 모두 뛰쳐나왔다. 발소리의 주인공은 다름 아닌 아버지였다.

"왜 소리는 지르고 난리냐? 그리고 왜 달음박질을 치는 겨?"

그랬다. 아버지는 늦게 오는 딸이 걱정되어 버스 정거장까지 마중을 나와 있었던 것이다. 앞만 보고 부지런히 걸어가는 딸을 부를 생각도 안 하고, 호위병처럼 뒤에서 그냥 따라왔던 거다.

"다 큰 지지배가 왜 그렇게 늦게 다니냐?"

"도서관에 있다가….”

"대학은 이렇게 늦게까지 학교에서 공부해야 하는 겨? 그러면 그 대학은 안 되겠네. 학교 다니지 마라."

어떻게 들어간 대학인데, 공부하다 늦게 들어온다는 이유로 그만둘 수는 없었다. 나는 늦은 시간까지 도서관에서 공부하는 대신 새벽 시간을 택해서 도서관을 찾았다. 그 대신 귀가 시간이었던 밤 9시는 나의 취침 시간이 되었다. 힘들었지만 고등학교, 대학교 입학과 졸업을 잘 넘기고 대학 졸업장까지 손에 쥐었다. 그것도 수석으로 졸업했다.

대학을 졸업하고 대학원에 가고 싶어졌다. 회사에 취업하는 대신 학교에 조교로 남기로 했다. 그것은 대학원에 가기 위해서였다. 그렇게도 학교 공부를 말리셨던 아버지. 이제 아버지에게 적당히 눈가림할 수 있는 실력도 생겼다. 한시적이지만 조교도 취업은 취업이었다. 하지만 조교를 하는 동안 대학원 다니는 남편을 만나 결혼을 하게 되었다. 이번에는 아버지의 반대가 아니라 나의 선택으로 대학원을 포기했다. 그것이 지금까지 왔다.

대학원에 가지 못한 배움에 대한 허기는 아이들을 키우면서 불쑥불쑥 찾아왔다. 나는 그 허기를 다른 곳에서 하나씩 채웠다. '가족세우기'를 비롯하여 명상과 요가, 핵심 감정과 참 나 탐구, 라마나 마하리쉬, 알렉산더 테크닉 등 지금까지도 계속 채워나가고 있다. 몸과 마음에 관한 공부 인연이 닿는 곳은 어디든 달려갔다.

교통사고로 숨쉬기조차 힘들었던 2010년. '가족세우기'를 만났다. 그 후 1주일에 한 번씩 '가족세우기' 장이 열리는 곳은 무조건 달려갔다. 대전, 대구, 광주, 서울 등 1박 2일, 3박 4일 프로그램에 참석했다. 일 년에 300시간 이상을 경험하기도 했다. 2015년 7월에는 '가족세우기' 창시자인 헬링거 선생님을 만나기 위해 러시아 이루크주크까지 달려갔다. '가족세우기'는 나를 계속 끌어당겼고, 배움에 대한 허기를 다양하게 채워주어 힘을 갖게 하였다. 지금도 '가족세우기'는 내가 늦은 나이임에도 박사 과정에 입학하는 것을 선택하게 만들어주었다.

나도 딸입니다

\- 임성희

　자녀를 키우면서 엄마의 마음을 알아간다. 생명을 낳는 것의 위대함뿐만 아니라 그 생명을 지키기 위한 희생도 필요하다는 것을 말이다.

　지금의 엄마는 나를 키워주신 엄마다. 아들이 없던 집에서 아들을 낳기 위해 작은댁을 들였다. 작은댁인 친엄마는 아들을 낳으면 밭 한 뙈기를 받기로 약속받았다. 그런데 아들이 아닌 나와 내 여동생이 태어났다. 큰엄마는 밭을 주셨고, 친엄마는 밭을 받아 떠났다. 큰엄마에게는 딸이 하나 있다. 나와는 20살 차이가 난다. 우린 그렇게 세 자매가 되었다.

　어느 날 아버지는 "앞밭에는 네가 집을 지어 살고, 뒷밭에는 동생이 집을 지어 살고, 저 건너 논에는 언니가 집을 지어서 살아라" 하셨다. 그래서 당연히 나와 동생 몫의 밭이 있는 줄 알았다. 앞밭은 내 몫이라 생각했다. 그런데 아니었다.

나는 남편과 함께 치킨 가게를 열려고 했다. 모아놓은 돈이 적어서 밭을 담보로 대출을 받으려고 했다. 등기부등본을 떼어보니 밭은 모두 언니의 이름으로 되어 있었다. 너무 놀랐다. 아버지에게 이 사실을 알렸고, 언니에게도 이 일에 대한 설명을 요구했다. 언니의 말에 따르면 내가 초등학교 시절 한동네에 살던 사촌 오빠가 농기계를 사기 위해서 담보가 필요했다고 했다. 사촌 오빠는 우리 아버지, 즉 작은아버지의 땅을 담보로 하고 싶다고 했단다. 이 이야기를 듣고 땅 담보 대출을 해주지 않기 위해 언니와 엄마는 밭과 논의 일부를 언니 명의로 돌려놓았다고 했다. 이 말을 듣고 아버지는 돌아누워서 말도 없이 끙끙거렸다. 나도 화가 나고 속상했다. 언니는 이 사실을 아버지와 우리에게도 알렸었다고 한다. 그런데 나는 전혀 기억이 나지 않았다. 논을 언니 명의로 돌려놓은 것은 아버지도 알고, 나도 알고 있었다. 그런데 밭까지 언니 명의로 바꾸어놓은 줄은 꿈에도 몰랐다.

그 후 엄마는 밭을 담보로 대출을 받을 수 있게 해주었고, 남편과 나는 치킨 가게를 열었다. 가게는 처음에는 잘되는 듯이 보이다가 점점 어려워졌다. 그러다 보니 남편과 싸우는 일도 생겼다. 빚도 점점 늘었다. 내가 제안해서 남편이 회사를 그만두고 시작한 일이었기에 불안해졌다.

어느 날 엄마에게 돈을 더 빌리기로 마음먹었다. 엄마에게 돈 이야기를 하자 엄마는 단번에 거절했다. 엄마에게 돈이 있다는 것을 알았기에 서운했다. "언니에게는 집 사라고 돈을 주고, 나에게는 왜 안 줘?" 하고 따졌다. "언니는 친딸이고, 나는 데려온 딸이라 돈을 안 빌려주는 거야"라며 큰 소리를 냈다. 엄마는 "머리 검은 짐승 데려다가 키우는 것이 아닌데 잘못 키웠다" 했다. 서러웠다.

친정집에 살았던 나는 엄마와 싸운 후, 남편과 함께 아이를 데리고 집을 나왔다. 남편은 아무 말도 하지 않았다. 누나들에게 전화를 걸어 돈 오백만 원만 빌려달라고 했다. 누나들은 돈이 없다고 거절을 했다. 우린 월세방부터 찾았다. 신용카드로 현금서비스를 받아 보증금 백만 원에 월세 이십오만 원짜리 방을 얻었다. 가전제품들은 모두 중고 매장에서 샀다. 그렇게 엄마의 집에서 독립했다. 그 후 엄마와 화해를 했고, 엄마는 돈을 더 빌려주셨다. 나는 꼭 갚겠다고 했다.

3년 뒤 가게를 정리하고 대출은 모두 갚았지만, 엄마의 빚이 남아 있었다. 아버지가 돌아가신 후 언니는 엄마의 집을 새로 짓기로 했다. 한옥식 농가주택이었던 집을 단독주택으로 지어 엄마의 노후를 편하게 해주자는 의미였다. 농가주택을 허물고 새로 집을 지으면 받을 수 있는 대출금, 엄마가 가지고 있던 돈, 언니가 가지고 있는 돈을 보태어 짓기로 했다. 그러다가 돈이 부족했는지 언니로부터 전화가 걸려 왔다.

"너 엄마 돈 갚아라. 아직 엄마 돈 다 못 갚았다며."

순간 화가 났다. 그 말은 엄마에게서 들어야 할 소리 같았다.

"그런 얘길 왜 언니가 해? 언니가 무슨 상관이야. 전에 언니가 집 살 때 엄마가 돈 해준 것 다 알아. 그건 왜 안 내놔? 언니가 한 것이 무엇이 있는데, 집에 잘 오지도 않고, 어렸을 적 우리가 논일, 밭일

할 때 도와준 것이 뭐가 있어?"

"나도 너희들 눈치 보느라고 힘들었어. 마음이 편하지 않았다고."

언니도 화가 났는지 거칠게 전화를 끊었다. 속에서부터 올라오던 뜨거운 것이 서러운 눈물로 쏟아졌다.

나는 알뜰살뜰 모아두었던 돈과 아이들 적금 들었던 돈을 해약했다. 엄마에게 드릴 원금인 천육백만 원이 되었다. 엄마에게 돈을 드리던 날, 그동안의 이자라며 이백만 원도 함께 드렸다. 엄마는 이자는 되었다며 도로 주셨고 "네가 동생이니 먼저 화해를 해라" 하셨다. 알아서 하겠다고 했다. 며칠 뒤, 언니에게 전화를 걸었다. 언니는 무뚝뚝하게 전화를 받았다. 언니에게 화내고 뭐라 한 것은 미안하다고 했다. 언니는 그때 처음으로 나의 친엄마에 대해 이야기했다. 자신이 스무 살 때쯤 나의 친엄마가 왔고, 웬 낯선 여자가 아궁이에 불을 때고 있었단다. 자신의 마음은 어떠했겠냐고 했다. 그래도 나와 여동생이 태어나서 좋았단다. 언니는 내 친엄마를 작은엄마라고 불렀다. 좋았다. 언니랑 20년이란 세월을 뛰어넘어 서로의 마음속 이야기를 나누었다.

"네가 아들이었다면 이 모든 땅이 다 네 것이었을 거야"라는 언니의 말을 들은 적이 있다. 아들을 얻고 싶은 집에서 아들이 아닌 딸은 자식으로서 인정을 받지 못하는 것이다. 나는 아들처럼 논일, 밭일 등 궂은일을 마다하지 않았고, 집안일까지 하면서 자랐다. 하지만 거기까지였다.

아이들을 키우면서 두 엄마의 마음을 알아간다. 자식을 위해 뭐든 해줄 수 있는 마음, 목숨까지도 내어줄 수 있는 엄마의 마음을 말이다. 엄마는 나에게 친엄마를 찾아보아야 하지 않겠냐고 말한 적이 있다. 내게 엄마는 오직 한 분뿐이고, 그분은 지금 제 앞에 계신 엄마라고 했다. 엄마는 친엄마의 이름을 알려주었다. 친엄마의 이름을 가슴에 새기며 '태어나게 해주셔서 감사합니다'라고 기도했다.

나를 낳아 생명을 주시고 떠날 수밖에 없었던 친엄마의 마음도, 미우면서도 버릴 수 없었던 어린 생명을 키워내신 큰엄마의 마음도 어렴풋이 알 것 같다. 이 모두가 엄마의 마음이고, 생명을 지켜내는 마음이라는 것을 말이다.

꼬이고 꼬인 맘 풀어지려는가

- 임효정

    눈꺼풀에 잠이 쏟아지면 내 방 폭신한 침대 위에 바른 자세로 눕는다. 아침이 되어 눈을 뜨면 간밤의 꿈이 생생하게 떠올라서, 무엇이 꿈이고 생시인가 헷갈려서 '정신 차려야지'라고 주문처럼 외울 때가 있다. 내 마음 그 누가 알까? 화창한 봄날 일터 마당에 목련이 시들어 떨어졌다. 밟히고 짓이겨진 목련이 마치 내 맘 같다.

    내 나이 스물일곱을 맞이한 해의 10월 29일, 4년의 연애를 마치고 결혼했다. 결혼 전에는 운동, 공부, 연애 등 내가 하고 싶은 걸 다 했다. 나의 의지를 막을 운명은 없을 것만 같았다. 결혼하고 첫아이가 태어났다. 아들은 힘차게 울지 못했다. 상상하지 못했던 투병 생활이 시작되었다. 의사는 중증 뇌성마비라고 했다. 아들의 재활치료에 애를 쓰는 와중에 뇌졸중을 앓던 아버지는 병세가 짙어졌다. 두 사람의 투병 생활이 펼쳐졌다. 병원에서 간병하느라 밤과 낮의 구별 없이 병원 간이 의자에 모로 누워 쪽잠을 청하곤 했다.

병실 기계음에 울음을 숨기던 먹먹한 밤이 되면 희망을 주문처럼 외웠고 차가운 침묵이 대답했다. 침묵은 지루해서 피로를 이기지 못했는지 누우면 금방 잠이 들었다. 자다가 번쩍 눈을 뜨면 무엇이 꿈인지 생시인지 헷갈렸다.

아들의 믿기지 않는 사망을 통해 생을 떠나는 데 순서는 없다는 것을 실감했다. 첫째가 아픈 것도 내 탓, 아픈 자식 챙기느라 아빠를 간병하지 못하는 것도 내 탓, 살림을 도와주는 엄마와의 잦은 말싸움도 내 탓, 남편을 비난하는 마음도 내 탓, 모두 나 때문인 것 같았다. 스스로 못난 여자, 부족한 딸, 어리석은 아내, 바보 같은 엄마라고 생각했다. 그러나 이렇게 생각하는 것을 누구에게 말하는 건 싫었다. 차라리 숨기는 게 나았다. 내 탓이라는 생각을 외면하고 숨기기 위해 정신없이 살았다. 일터로 도망쳤다. 일에 집중했다. 이래도 되는 건가 싶었지만 마음 공부도 하고 일도 하면 지금보다 더 상황이 나아질 거라고 핑계를 댔다. 그런데 여기 일터 마당에서 본, 짓이겨진 목련이 마치 내 마음 같았다. 내 탓 아니면 남 탓을 했다. 가족을 사랑하지만 내 마음속 사랑을 전하지 못했다. 나 자신을 받아들이고 사랑하지 못했다. 말하지 못했으니 외롭고 슬펐다.

다들 명절 준비가 한창이던 날, 아빠가 돌아가셨다. 우리 아빠 이름에 환자라는 명찰이 생긴 지 12년 만이었다. 어린 날 보며 웃던 모습, 아빠의 몸을 씻겨드리던 날, 중환자실에서 버거운 숨소리를 내시는 모습, 숨이 멈춘 아빠의 얼굴을 만지던 느낌. 영정 사진 앞에 홀로 앉아 있노라니 혼자 남은 엄마가 눈에 밟혔다. 무남독녀

외동딸을 키우신 아빠의 장례식은 조촐했다. 나는 서울 토박이었다. 첫째의 사망 후 서울을 떠나 잠적한 뒤라서 더 조촐했으리라. 아빠의 빈소 옆 호실에는 사람들이 보란 듯이 북적였다. 너무 많아서 우리 쪽으로 밀린 옆집 조문 화환이 내내 거슬렸다. 고요한 향을 피우고 또 피우고를 반복하며 상복을 벗었다.

며칠 후, 갑자기 시아버지가 돌아가셨다. 간밤에 비빔밥을 드시고 체기가 있으셨는데 주무시다가 맞이한 죽음이었다. 연달아 상주가 되었다. 북적이는 장례식에서 며느리인 나는 5남매인 남편 옆에 말없이 있었다. '아버님, 손주 잘 키우겠습니다. 감사합니다'라고 마음을 전하며 절을 올렸다. 시아버지를 모신 장례식장에는 남편에게 온 조문 화환이 많아서 놓을 자리가 없었다. 3층이던 장례식장의 계단을 둘러 둘러서 꽃길이 이어졌다. 꽃길을 보노라니 내 마음 외면하던 남편의 뒷모습이 떠올랐다. 속이 부글부글 끓고 마음은 차가워졌다. 그리고 아무 말도 하지 않았다. 수개월이 지나서 어느 날 싸움 중에 뱉은 말. "치사하게 말하고 싶지 않았는데…." 그리고 말해버렸다.

"왜 아빠 장례식을 알리지 않았어?"

"요즘은 마누라 집안일까지 말하면 민폐야."

나는 입을 닫았다. 남편 말이 맞는 것 같기도 한데, 왜 이리도 서운해 눈물이 핑 도는가. 불분명한 눈물과 치사함에 내 마음은 닫혔다.

내 마음 그 누가 알까? 아무도 내 맘을 몰라준다고 생각하는 날이면 어느덧 외로움은 제집 주인처럼 찾아온다. 찾아온 외로움은 너무나 우울해서 차라리 남편을 비난하는 편이 나았다. 그리고 시간을 쪼개어 살았다. 새벽 운동을 하고, 일터로 나가고, 밥을 만들고, 아이를 챙기고, 청소하고, 몸을 쉬지 않았다. 아이들을 업고 체험활동 다녔다. 내 탓이나 남 탓을 하며 비난하는 내 모습이 마치 바보 멍청이처럼 여겨졌다. 내 탓 아니면 남 탓, '탓투성이'가 싫어서 생각하지 않고 바쁘게 살았나 보다. 바보 멍청이가 되는 것이 싫어서 도망치고자 열심히 쳇바퀴를 돌렸나 보다.

그렇게 마음이 닫힌 채 시간이 지났다. 나는 닫힌 마음의 문을 여는 방법을 몰랐다. 마음을 닫는다는 것은 나만의 성에 갇힌다는 것이다. 나와 다른 남편의 의견에 화를 냈다. 나에게 건네는 칭찬과 인정이 아닌 말들에 예민하게 굴고 꼭 기억해두었다. '나를 무시해?' '내가 얼마나 희생했는데, 뭐라고?' 사랑하는 남편과 함께하고 싶던 마음은 잊었다. '섭섭했어, 속이 상하고, 가슴 아팠어'라고 말하지 못했다. 사소한 꼬투리로 남편을 비난했다. 남편을 향한 비난은 이유가 있었다. 상처받았으니까 당연히 남편을 비난해도 타당하다고 합리화했다. 그러나 어디서부터 상처와 비난이 시작되었는지는 몰랐다. 어떻게 하면 좋을지는 알지 못했다. 남편의 마음과 삶이 어떠했는지 돌아보려고 하지 않았다. 나 혼자만 힘들다고 생각했다. 나만의 우물에 빠졌다.

'가족세우기'는 가족을 대리인(대역)으로 세운다. 처음 '가족세우기' 세션에 참여한 날이었다. 처음 보는 누군가의 가족 대리인으로 섰다. 온몸에 느껴지는 감각은 뜨겁고, 아프고, 메이고, 아련했다. 미안함과 사랑 같았다. 처음 느껴보는 느낌. 심장이 두근거리다 못해 떨렸다. 덜컥 겁이 났다. 그러나 겁은 곧 사라졌다. 속에서 뜨거운 눈물이 올라왔다. 무릎을 꿇고 고개를 숙여 울었다. 말이 되는가. 생전 처음 보는 사람의 가족 한 사람으로 세워져서 울다니. 나는 대리인으로 선 가족의 사건과 내용을 전혀 알지 못하는데 말이다. 그렇기에 더더욱 처음으로 '가족세우기'에서 대역을 맡았던 날의 여운을 지금도 잊지 못한다. '미안함과 사랑', 상상해보지 못한 심정을 체험했다. 그리고 느낄 수 있었다. 나는 사랑하고 사랑받는 존재란 사실을. 때때로 어떤 일로 인해 얽혀진 마음으로 사랑하지 못하고 살았다. 그러나 얽혀진 마음으로 산다고 할지언정 나는 사랑하는 존재다.

'가족세우기'를 경험하고 우물에서 나와보니 가장 먼저 보이는 것은 나 자신과 가족이었다. 천천히 모두를 돌아보게 되었다. 그러자 가족이 새롭게 보인다. 남편에게 삐친 낡은 마음이 무안해진다. 묵묵한 그이에게 미안하고 고맙다. 사랑은 다시 생기를 찾아 흐른다. 물이 흐르듯 사랑이 흐르면서 꼬이고 꼬인 맘이 풀어지려는가 보다. 내 탓, 남 탓을 넘어서.

인격이란 가면

- 조남희

'과거를 사랑하고 미래를 소망하며 현재를 믿음으로 살아라.' 마음에 새겨진 좌우명입니다.

첫 문장을 이렇게 시작하는 이유는, 이전의 미성숙한 모습에서 변화되어 현재 상태가 좋아졌기 때문입니다.

요즘 행복한 나날을 보내고 있습니다. '가족세우기' 프로그램을 통해 치유받은 후, 증오했던 아버지를 존경하게 되었습니다. 남편과 자식들을 고치려 하지 않고, 있는 그대로 존중합니다. 무엇보다도 나 자신을 아끼고 사랑하게 되었습니다. 오랜만에 만나는 사람들이 전보다 더 건강하고 아름답게 보인다고 합니다. 왜냐하면 나는 오늘도 변화 중이기 때문입니다. '가족세우기' 덕분입니다. 이만큼 성장시켜준 '가족세우기'에 보답하는 마음으로 글을 씁니다.

"도대체 내가 왜 이럴까? 아버지는 왜 그렇게 화를 내시는지 정말 모르겠어!" 이해하기 힘들어 괴로웠던 대상 친정아버지와 나에 관한 이야기입니다. 혈액형 B형 소양 체질. MBTI는 INFJ(예언자형)입니다. 성격은 온유한 친정어머니를 닮고 싶었으나 화를 잘 내시는 다혈질 아버지를 쏙 빼닮았습니다. 분노를 폭발시키는 아버지를 미워하면서, 아버지처럼 살지 않겠다고 결심했습니다.

친정어머니를 때리시는 아버지의 폭력적인 모습이 너무나 싫었습니다. 아버지가 무섭고 두려워 몸은 늘 긴장되고 힘들었습니다. 학창 시절에는 친구들과 원만하게 잘 지냈습니다. 엄마 닮은 착한 성품으로 가족들에게 좋은 아내, 좋은 엄마가 되고 싶었습니다. 행복한 결혼 생활에 대한 환상도 있었습니다.

사관생도인 남편과 만나서 대전과 서울로 떨어져서 장거리 연애를 했습니다. 서로를 보고 싶어 하는 애틋함이 커서 마냥 좋기만 했던 연애 시절의 아름다운 추억들이 떠오릅니다.

결혼을 약속하면서 한 가지 부탁을 했습니다.

"화를 내는 사람과는 살 수 없으니, 제발 화를 내지 말아주세요."

남편은 평생 화를 내지 않겠다고 맹세를 하였습니다. 그 약속을 믿었습니다.

대학 졸업 후 중학교 영어 선생님이 되었지만 일 년 후 그 좋은 직장에 미련 없이 사표를 내고 결혼을 했습니다. 부모님들이 불화하시는 집으로부터 빨리 벗어나고 싶었기 때문입니다.

사랑하는 사람과 결혼하여 첫 아들을 낳았을 때 가장 기뻤습니다. 딸만 다섯, 딸부잣집 큰딸입니다.

"네가 아들로 태어났으면 얼마나 좋았을까?" 아들 갖고 싶어 하셨던 부모님 바람을 듣고 자랐습니다. "아버지! 그토록 원하시던 아들을 낳았어요!" 출산 소식을 기다리던 친정집 식구들이 아들을 낳았다는 소리에 만세 삼창을 하며 좋아했다고 합니다. 간절히 바라던 아들을 낳고 양육하며 좋은 엄마가 되고 싶었습니다. '어떤 경우에도 아이들을 때리지 말아야지. 말로 훈육하는 엄마가 될 거야!'

자녀들을 회초리로 양육하는 부모들을 혐오하였습니다. 큰아들 경하, 미운 일곱 살 무렵부터 자식이 내 맘대로 크지 않는다는 것을 깨닫게 되었습니다. 말도 안 듣고 말썽만 부리는 모습에 '사랑의 매'라는 명목으로 자로 손바닥을 때리기 시작하였습니다. "잘못한 벌로 열 대를 맞아야 해!" 처음에는 어째서 매를 맞아야 하는지 교육학적으로 차분하게 설명을 하고 때리기 시작했습니다.

'하나, 둘, 셋, 넷, 다섯'을 지나가면서 때리는 강도가 점점 심해졌습니다. 훈육으로 시작한 매가 내 안에 있던 분노로 인해 폭력적으로 변해갔습니다. 아들을 향한 체벌은 계속되었습니다. 훌쩍 자란 큰아들이 어느 날 매를 든 제 손목을 꽉 잡았습니다.

"엄마, 이제부터는 맞지 않을 거예요. 말로 해도 알아들으니 제발 때리지 마세요. 참지 않을 거예요!" 하며 구타하던 나를 힘으로 제압했을 때 정신적으로 큰 충격을 받았습니다.

누구나 성격의 장단점이 있습니다. 장점을 소개하면 정으로 끝나는 4가지, 열정, 긍정, 다정, 청정 조남희입니다. 삶에서 추구하는 방향성은 감사하며 찬사하며 봉사하는 삶을 살고자 합니다. 대외적으로 좋은 사람이라 알려져 있는 것은, 사람들과 인간관계를 할 때 성격 위에 인격이란 가면을 쓰기 때문입니다. 타인들에게는 친절하고 다정한 사람이지만, 인격이란 가면을 벗어던지고 성격의 단점을 드러내는 곳이 바로 가정 그리고 가족들이었습니다. 지킬 박사와 하이드처럼 두 얼굴의 이중인격자!

결혼 후 내 안에 사랑과 미움의 양가감정이 오락가락하고 있음을 경험한 것은 부부 싸움으로 인한 위기였습니다. 어려움 없이 행복하기만 할 줄 알았던 결혼 생활은 사소한 갈등에도 삐거덕거렸습니다. 감춰져 있던 성격의 단점들이 부부 관계 속에서 드러나고 말았습니다. 싸울 때 조금만 화를 내도 될 일들로 크게 화를 내며, 남편을 향해 너 때문이야 하며 탓을 하였습니다. 결혼을 하기 위해 평생 절대 화내지 않겠다고 맹세하였던 남편도 또 시작이다! 네가 나를 화나게 만들어! 세상에서 나를 화나게 만드는 사람은 너뿐이야! 하고 원망을 하면서 작은 말다툼이 큰 싸움으로 번졌습니다.

지금 다시 회상해보면 무슨 일로 그렇게 다투었는지 원인도 잘 생각나지 않습니다. 조국 통일과 세계 평화를 위해서 싸워본 적이 없습니다. 사소한 의견 다툼이 폭력적인 싸움이 되었습니다. 부부 전쟁할 때마다 평소 인격적인 모습은 사라지고 분노가 통제가 안 되는 사람으로 변했습니다. 남편에게 짜증과 분노로 소리 지르는 난폭한 아내! 자식들에게는 관심과 사랑이란 이름으로 부당한 요구를 하며 집착하는 엄마. 내가 왜 이럴까? 분노가 통제가 안 되네. 심한 자책감에 시달렸습니다. 간절히 바라던 이상적(deal self)인 모습, 부드럽고 친절하고 따뜻한 아내와 엄마로 살아가지 못하고 원치 않는 모습이 된 나를 보게 되었습니다. 모범적인 가정으로 주변 사람들에게 칭찬받고 싶었지만 화목한 가정이란 장막을 거둔 실체는 불만이 가득 찬 위기의 가정이었습니다.

부부 갈등이 위기로 치닫던 때, 고등학교 1학년 아들이 학교에서 칼에 찔리는 상해 사건이 일어났습니다. 온 가족이 고통스러웠던 그 일을 통해 우리 가정, 특히 나 자신이 치유가 필요하구나 깨닫게 되었습니다.

변화에 대한 갈망으로 마흔두 살에 다시 공부를 시작했습니다. 그저 나 한 사람만이라도 변화되고 싶다는 바람으로 하게 된 상담 공부, 시작한 지 8년 만에 박사 학위를 따고 대학교수가 되었습니다. 17년간 제자들을 양육하고 2024년 2월 퇴직을 하였으니 대기만성 인생 역전 스토리라 생각합니다. 2003년, 함께 공부하던 후배의 추천으로 '가족세우기'를 만났습니다. 그 후 20여 년간 계속해서 '가족세우기' 프로그램에 참여하였습니다. '가족세우기'를 통하여 위기의 가정이 화목한 가정으로 변화된 이야기를 나누려 합니다.

내가 해야 해

- 조왕신

1녀 3남 중 맏이다. 어려서부터 몸이 무척 약해 친척들의 걱정을 많이 듣고 자랐다. 주변 사람들은 기가 센 남동생이 셋이나 있어 고달프겠다고 했다. 그러나 주변 사람들의 우려와 달리 동생들은 내 말을 잘 따라주었다. 우리 4남매는 비교적 재미있게 지냈다.

결혼하고 친정집을 떠났어도 올케가 생기기 전까지 5년 동안 친정의 대소사를 혼자 감당했다. 연년생인 남동생이 나보다 5년 늦게 결혼했기 때문이다. 부모님 생신이나 기념일 챙기는 일뿐만 아니라 모임 장소나 음식 선정 등이 거의 내 주도로 이루어졌다. 특히 우리 집에서 부모님 모시고 동생들이 자주 모였기 때문에 난 무척 힘들었다. 집에서 모임을 자주 해본 사람은 다 이해할 것이다. 그 어려움을. 그래도 다행히 마음 씀씀이가 좋은 올케가 생겨 한결 수월해졌다.

"형님, 조씨 집안에 '마마보이'는 없어요. 대신 '시스터보이'가 있지."

어느 날 큰올케가 웃자고 한 말이다. 동생이 엄마 말은 안 들어도 누나가 말하면 듣는다는 것을 그렇게 돌려서 표현했다. 누나 말을 잘 들어주는 동생이 있다는 게 싫지 않았다. 오히려 좋았다. 그때는 나도 아무 생각 없이 웃었다.

"얘들아 이제 진설하자."

남편은 지방을 쓴 뒤 위패를 들고나와 아이들을 부른다. 다른 집 잠드는 시간인 밤 11시부터 우리 가족은 바쁘다. 시아버지 기일이다. 우리 집은 밤 12시에 제사를 지낸다. 35년째 한결같다.

남편은 고지식한 사람이다. 조금 부드럽게 표현하자면, 고집스럽게 전통을 유지하려고 애쓰는 사람이다. 난 늦은 밤에 지내는 제사가 좀 불편해도 불평하지 않는다. 기꺼이 정성이라 여긴다.

"엄마는 내가 밉지 않아?"

둘째가 대학 수능 시험을 마치고 내게 물었다.

"아니, 네가 왜 미워?"

"엄마는 나하고 오빠 때문에 하고 싶은 일도 못 하고 다 포기했잖아."

나는 너희를 선택한 것이라고, 그래서 후회하지 않는다고 말했다. 그러나 실은 후회까지는 아니지만, 가지 않은 길에 대한 미련은 있었다. 모든 건 선택의 문제였다. 내가 선택한 길은 내가 해야만 하는 역할이었다. 누가 내 등을 떠밀어 그 길에 서게 한 것도 아니다.

"어째서 나는 친정 일을 동생들이 주도할 때까지 기다리지 못했을까?"

"어째서 나는 불편을 감수하며 남편의 요구를 다 수용했을까?"

"어째서 나는 나를 포기하는 것을 선택했을까?"

나는 다들 그냥 그렇게 사는 줄 알았다. 그때는 몰랐다. 엄마에게 인정받고 싶은 욕구가 끊임없이 아들보다 먼저, 더 자주 부모를 챙기게 했다는 것을.

불편하고 힘들어도 참으며 해내는 것이 정성을 다하는 거라 잘못 인지했다는 것을.

내가 하고 싶은 것을 포기하는 것이 자녀에게 주는 사랑이라 믿었다는 것을.

'가족세우기' 장에서 내 모습을 제대로 보는 것은 고통이었다. 처음엔 아니라고 부정했다. 거듭되면 피했다. 내 안에 웅크리고 앉아 있는 두려움이 무엇인지, 다른 사람에게 들키고 싶지 않았기 때문이었다.

문득 '아!' 하고 내 모습이 보였다. 거창한 삶의 문제가 있어야만 '가족세우기'를 하는 것은 아니다. 아주 사소하지만 걸려서 넘어지는 일들이 좋은 주제가 되곤 한다.

'에구! 혼자서 힘들었겠다. 애썼어.' 토닥토닥.

아닌 척하며 시치미 떼고 있어도, 그런 내 모습이 어찌 보면 안쓰럽고 어찌 보면 바보 같았다.

마지막 학기 수업은 아쉽게도 너무 빨리 지나가고 있었다. 쉬는 시간에 복도를 지나다 오 교수님과 마주쳤다.

"그래, 동생들 다 부리고 엄마 차지하고 있으니 좋지요?"

"힘들어요."

"글쎄, 언제부터 끄집어내려 해도 선생님이 잘 모르시더라고. 하하하."

교수님은 내 내면의 갈등을 진즉 눈치채고 계셨나 보다. 나는 그렇게 더디게 나에게 문을 열었다.

2장

바람에
흔들리는 모빌,
가족

흔들리는 가족, 사랑하기 어렵다

- 김명서

    남편은 원가족에게 사랑을 받지 못했다. 오만하게도 그런 남편을 사랑으로 채워줄 수 있다고 생각했다.

    "당신은 어머니에 대한 분노를 나에게 표현하는 거 알아요? 제발, 그만 좀 해. 어릴 적 속상했던 마음을 직접 어머니에게 표현하라고. 나한테 하지 말고."

    멈칫하는 남편의 모습이 보였다. 참았던 말을 쏟아붓고 난 후 소리 없이 눈물만 흘렸다. 다리에 힘이 풀려 소파에 풀썩 주저앉았다. 잠시 뒤 현관문이 '쾅!' 하고 닫히는 소리가 들렸다.

    사랑을 받는 것과 주는 것이 균형을 이룰 때 부부 관계는 건강하게 성장한다. 가족은 보이지 않는 사랑으로 연결되어 있다. 어떤 누구도 이 구조에서 벗어날 수 없다. 그 사랑이 자기 자리에서 긍정적인 균형을 이룰 때 가족 간에도, 개인도 각자의 자리에서 건강하게 설 수 있다.

사람과의 관계를 처음 배우는 곳은 가족 안에서다. 관계에서 어려움이나 위기를 경험할 때 사랑으로 연결된 나의 가족, 그 누군가의 역할을 대신하는 거다. 이는 '가족세우기' 버트 헬링거의 가족 체계 얽힘에 관한 이야기다.

2019년 봄, '가족세우기'를 처음 경험했다. 집단에서 가족을 세웠다. 나의 가족 대리인들은 나와 남편 사이에 거리를 두고 섰다. 두 아들은 남편과 나 사이에 거리를 두고 섰다. 두 아들은 서로를 의지하며 붙어 있었다. 아이들의 모습을 보는 것만으로도 눈물이 나고 숨쉬기가 힘들 만큼 가슴이 아렸다. 남편은 보이지 않았다. 보고 싶지 않았다. 두 아들만 보였다. 남편 대리인은 아이들에게 다가오기 시작했다. 그 모습을 본 나는 초조하고 손가락에 긴장감이 생겼다. 남편이 아이들에게 가까워질수록 상해를 입힐까 염려되는 마음에 불안했다. 남편의 표정과 행동을 보는 것만으로도 두려운 마음이 컸지만 아이들을 지키고 싶었다. 발걸음을 옮겨 아이들과 남편 사이를 가로막았다. 대리인 대신 내가 그 자리에 섰다. 온몸이 긴장되고, 손에 힘이 들어가고, 주먹이 쥐어졌다. 남편에게서 시선이 떨어지지 않았다. 눈을 크게 뜨고 남편의 눈을 응시했다. 시선을 피하면 무슨 일이 일어날 것 같았다. 짧은 그 시간이 무척이나 힘들었다.

'아이들을 지켜야 해. 가까이 오지 마.' 다가오는 남편을 받아들이고 싶지 않았다. 촉진자는 그 자리에서 '예'라고 말하며 고개를 숙이라고 했다. 지시에 따라서 했지만 가슴속에서는 화가 나고 고개를 숙이고 싶지 않았다. '내가 왜 숙여야 해, 남편에게 얼마나 많은 상처를 받았는데, 억울해!' 촉진자는 나의 마음을 알고 있는 듯, 한 번 더 깊이 허리를 숙이고 '예'를 말하라고 지시했다. 시키는 대로 했다. 마음은 아니었다. 반발했고, 분노했고, 슬펐다. 억울했다. 그때는 그랬다.

나는 남편을 사랑했다고 믿었다. 그래서 결혼했다. 가족에게 사랑을 표현하는 것이 서툴렀던 남편이 미웠다. 남편을 바꾸고 싶었다. 사랑을 한 만큼 사랑받기를 원했다. 내가 남편에게 보낸 사랑은 나의 사랑과 희생에 대해 알아주지 않는 남편에 대한 원망과 비난이었다.

상담사가 되어보니 남편에게 매 순간 나의 감정을 말하지 못한 나의 태도가 후회되었다. 결혼 생활에서 남편의 행동과 말로 인해 얼마나 힘든지 말하지 못했다. 남편의 상처에 대해 '당신이 얼마나 힘든지 알고 싶어요. 이해하고 싶어요. 듣고 싶어요'라고 말하지 못했다. 어떤 말을 해야 할지 두려웠다. 그 두려움에서 상처받고 싶지 않아 물어보지 않았다. 나를 보호하고 싶었다. '나를 사랑한다면서 어떻게 이럴 수 있어? 당신은 남편 자격도, 아빠 자격도 없어'라는 마음으로 남편을 거부했다. 겁쟁이였다. '만약 내가 겁내지 않고 남편에게 마음을 열어주는 대화를 했다면 나의 결혼 생활은 달라졌을까?'

사랑은 당연히 받아야 하는 거라고 생각했다. 사랑을 받는 게 자연스러웠다. 남편이 사랑받은 경험이 부족하다고 생각해서인지 남편의 행동을 이해할 수가 없었다. 사랑을 받고자 했던 나에게 남편이 주는 사랑은 턱없이 부족했다.

남편도, 나도 크기는 다를 뿐 결핍을 가지고 있었다. 자신이 스스로 부족하다고 느끼는 모습을 인정하고 싶지 않았다. 서로에게 보이고 싶지 않은 자존심을 내세우며 속 깊은 대화를 나누지 않았다.

2021년 가을, '가족세우기'에서 대리인을 통해 남편을 만났다. 남편에게 고개를 숙이고 감사한 마음을 담아 인사했다.

"당신은 당신의 인생을 사세요. 나는 나의 인생을 살겠습니다. 당신이 있어 사랑하는 자녀가 있고, 당신이 있어 사랑의 균형에 대해 배웠고, 당신이 있어 결혼으로 힘들어하는 내담자를 상담할 수 있게 되었습니다. 감사합니다."

2023년 초등학생 2학년 K군이 과도한 스마트폰 사용으로 상담을 받고 싶다며 상담 신청을 했다. K군의 어머니는 스마트폰 사용을 조절하게 도와달라고 했다. 스마트폰 문제가 아닌, 부부간 이혼 위기로 인한 K군의 심리적 불안이 원인이었다. K군의 마음은, 스마트폰을 사용하는 것으로 부모 간 갈등이 오가는 현실을 회피하고 싶은 마음이었다. K군의 아버지는 원가족 체계가 무너지고 부모, 형제 간 인정을 받지 못한 환경에서 자랐다. '너는 큰아들 자격이 없어. 무조건 양보해야지'라는 말을 들었다며 속상한 마음을 호소하던 아버지는 아들 K군에게 '너는 큰아들이잖아. 동생한테는 이렇게 해야 해! 너는 내 아들 자격이 없어'라며 아내와 K군에게 상처를 주고 있었다.

자신이 어릴 적 상처받은 마음을 알아주기를 바라면서도 K군에게 같은 상처를 돌려주고 있다는 것을 알아차리게 도왔다. 아버지가 아버지 자리에서 두 발로 힘 있게 서서 자리에 있으면 가족은 흔들리지 않는다.

K군의 아버지는 상처받은 어린 자신과 결속되어 있었다. '가족 세우기'를 통해 K군이 현재 부모를 바라보는 마음이 어떠한지 느껴보게 했다. K군의 부모는 자신들이 무엇을 해야 하는지 알게 되었다.

K군의 어머니는 남편을 이해하게 되었다. K군과 남편을 바라보는 시선도 달라졌다. 스마트폰을 과하게 하는 아들이 아니라 부모의 다툼으로 인해 마음이 불안한 아들로, 술을 먹고 가족에게 소리를 지르는 남편이 아니라 가장으로서 인정받고 싶어 하는 남편으로 보이기 시작했다.

"내가 당신의 마음을 알아주지 못했네요. 미안해요. 당신을 있었던 그대로 인정합니다."

이 말을 부부간 서로에게 하도록 안내했다. 이후 이 가정에 놀라운 일이 벌어졌다.

K군은 스마트폰을 하지 않게 되었고, 부부는 대화를 나누고 서로에 대해 마음으로 이해하며, 서로의 존재를 인정하기 시작했다. 상담 이후 변화로, 아내는 남편과 출근 전에 가벼운 포옹도 하고 뽀뽀도 했다고 전했다. 이를 바라보며 K군이 "기분 좋아"라며 함성을 질렀다는 이야기를 전하며 어머니는 밝게 웃었다. 변화를 경험한 부부는 그들이 원하는 화목한 가정을 이루기 위해 무엇을 해야 하는지 알게 되었다.

부부가 원가족의 문화에서 가지고 있던 문제를 있는 그대로 바라보며 인정하기 시작하면 가족 간 문제 속 얽힌 실타래가 풀어진다. 이것이 '가족세우기'의 힘이다.

배고픔 너머의 발견

- 김지안

한 시간 걸리는 공주에서 교육을 받았다. 옆에 있는 사람에게 어느 지역에서 왔는지 물어보았다. 운전하지 못해 천안에서 대중교통을 이용하여 왔다고 했다.

"같은 방향이니 저랑 함께 가요" 했더니 너무 좋아한다. 주말이라 1시에 교육이 끝났다. 교육 장소에서 간식으로 애플 주스 한 개와 찹쌀떡 세 개를 주었다. 차 안에서 먹으려 했지만, 일행이 있어서 참았다. 1시간 30분 운전을 해야 천안에 도착할 수 있다. 일행과 대화하면서 운전하고 있는데 내 배에선 꼬르륵 꼬르륵 신호가 왔다.

나의 배고픔은 3단계이다.

1단계는 꼬르륵 꼬르륵, 배고픔의 신호이다.

2단계는 몸살기가 나는 것처럼 팔다리가 저려온다.

3단계는 심한 갈증이 나며, 얼굴에 식은땀이 흐르면서 마치 쓰러질 것처럼 온몸에 힘이 빠진다. 나는 무언가를 먹지 않으면 아무 것도 할 수 없다. 그래서 늘 간식거리를 갖고 다닌다.

"배고프지 않으세요? 나눠준 간식 먹고 갈까요?"

"아뇨, 그냥 빨리 가고 싶은데요. 선생님 덕분에 1시간 정도 빨리 가게 되어서 좋네요."

순간 어지럽고 눈앞이 흐려졌다. 손발이 떨려서 도저히 운전을 할 수가 없었다.

"죄송해요. 제가 배고픔을 잘 못 참아요. 배가 너무 고프네요. 휴게실 들러서 간식 먹고 출발하면 어떨까요?"

"어머, 선생님 얼굴에 땀 흐르네요. 배고프다고 이렇게 얼굴에 땀 나는 거예요?"라며 휴지를 건네준다.

나는 다른 것은 잘 참는 편인데 유독 배고픔을 참지 못한다. 지인들은 이런 나에게 "참을성 많은 사람이 배고픈 것을 참지 못하는 것이 이해가 안 돼"라며 놀라워했다.

엄마는 44세에 재혼했고, 아들을 낳아야 한다는 의무감이 있었다고 했다. 나를 낳았는데 낳고 보니 딸이라서 '죽었으면' 하고 낳자마자 이불을 둘둘 말아 2월 겨울에 불을 넣지 않은 빈방에 두었다고 했다. 4일간 물 한 모금도 먹이지 않고 얼굴 한번 보지 않았다고 한다. 동네 사람들이 볼까 봐 어둑어둑 해가 지는 4일째 되는 저녁에 '이제는 죽었겠지' 하고 산에다 묻어버리려고 올라가서 구덩이를 팠다. 묻으려는데 새로 산 이불을 버리기가 아까웠다고 했다. 그래서 이불을 헤쳤더니 손가락을 빨며 감았던 눈을 떠서 깜짝 놀랐다고 했다. 죽은 줄만 알았던 아이를 보자 아무 생각 없이 이

불을 둘둘 말아서 산에서 내려왔다고 했다. 그렇게 꼬박 아무것도 먹지 못하고 빛도 보지 못한 채 이불 속에서 지냈다.

부잣집 막내딸로 곱게 자란 엄마, 첫 번째 결혼에 딸과 아들을 낳고 사별했다. 재혼하여 나를 낳으셨다. 아들을 기대했으나 딸을 낳아 실망이 컸다고 했다. 4일째 되는 날 산에서 내려와 바로 다른 집 수양딸로 보냈다고 했다. 내가 8살 때 이모가 나를 찾아왔다. 엄마가 많이 아파서 딸과 며칠만이라도 함께 시간을 보내고 싶다고 했다. 이모가 나를 엄마에게 데려다주었다. 엄마를 처음 만났다. 엄마와 이야기하는 것이 어색하고 불편했다. 밥을 함께 먹는 것도, 잠을 자는 것도 낯설었다. 엄마는 잠을 잘 때 품에 꼭 껴안고 나를 재웠다. 나는 숨이 막힐 듯이 불편하였지만, 불편하다는 소리도 못 했다. 하면 안 될 것 같았다.

"내가 얼마 살지 못한다. 내 명은 내가 안다. 내가 여기저기 아픈 곳이 많아 이제 너 볼 날이 얼마 남지 않았다"라며 같이 살자고 했다. 아무 말도 못 하고 '며칠만 있기로 했는데' 이런 생각만 들었다.

나는 훌쩍훌쩍 아무 말 없이 울다가 잠이 들었다. 사흘을 지내고 돌아가기로 했는데 엄마는 나를 보낼 수 없다고 하여 그 후 엄마와 살게 되었다.

엄마는 내가 선천적으로 위가 약하게 태어났다고 했다. 엄마의 좋지 않은 유전적 영향이 있다고 했다. 신경 쓰이는 일이 있거나 마음이 불편할 때 식사하면 잘 체한다. 체하지 않기 위해 음식을 최대한 천천히 먹어야 했다. 내가 병원에 가는 것은 대부분 체했거나 식사를 하지 못해 몸살이 나는 경우다. 자랄 때 엄마는 이런 나에게 성깔이 예민해서 그렇다고 했다. 참을성이 부족해서라고 했다.

상담 공부를 하면서 '가족세우기'를 알게 되었다. 수업을 받으면서 나는 가족세우기가 두렵고 무서웠다. 나의 가정사를 여러 사람 앞에서 드러낸다는 것이 부끄럽고 불편하였다. 대리인 역할이 들어오면 부담스러웠다. '어떻게 다른 사람 역할을 하지!'라는 걱정부터 앞섰다.

"엄마 역할 해주시겠어요"라고 하면 마지못해 대리인을 했다. 하지만 선뜻 내 가족사를 드러내기가 망설여졌다.

어느 날 교수님께서 '가족세우기' 장에 나를 초대했다. "이제는 한번 해보지. 용기를 내어 나와봐요"라고 하셨다. 나는 거절을 못 하고 쭈뼛쭈뼛 망설이다 나갔다. 그렇게 내 가족을 세웠다. 엄마 대리인을 하는 분이 나에게, "엄마는 그때 그럴 수밖에 없었어. 재혼한 집에서 뿌리를 내리려면 아들을 낳아야 했어"라며 한숨을 길게 쉬었다.

"너를 남의 집에 보낸 것도 끝까지 책임질 수가 없어서 그랬어. 너를 낳고 죽으라고 내버려둔 것도 미안하다." 대리인을 하는 엄마의 모습을 보는데 나의 가슴에서 훅 하고 바람과 함께 한숨이 빠져나갔다.

'가족세우기'를 통해서 당시 그럴 수밖에 없었던 엄마의 심정이 조금은 이해가 되었다. 나도 아이를 키우는 엄마로서 '얼마나 힘들고 서러웠을까' 생각했다. '가족세우기' 장에서 엄마와의 재회는 나의 삶에 새로운 의미를 열어주었다. 엄마와의 관계는 복잡하고 어렵다. 조금씩 과거와 직면하고 극복할 힘이 생길 것 같다. 내가 왜 배가 고픈지 이해하게 되었다. 내가 그토록 배고픔을 참지 못하는 것은 배고픔이 아니었다. 나흘 동안 살아가기 위해 몸부림쳤던 신체 감각들이 내 몸에 고스란히 남아 있었다. 나에 대해 이해가 되고 보듬을 힘이 조금씩 생기게 되면서 배고픔도 덜 느끼게 되었다. 가방에서 간식을 찾는 횟수도 줄어들었다. 신기했다.

평소 나는 생존의 욕구와 인간적 연결을 갈망했다. 사람들과 몇 번의 식사를 통해 나는 친밀감을 느낀다. 식사하면서 서로 챙기는 마음을 주고받는다. 이를 통해 다른 사람들과 관계를 돈독하게 하려고 한다. 한솥밥을 먹으면 간, 쓸개도 빼줄 기세다.

"우리 언제 밥 한번 먹어요. 내가 밥 살게요."

내가 사람들에게 자주 하는 말이다. 한 끼의 밥은 나에게 친밀감과 사랑의 표현이다. 또한 나를 돌보는 방식이다. 배고플 때 '배고프구나'라며 두 팔로 나를 안으며 쓰다듬어준다. 배고픈 어린 나에게 토닥토닥 사랑의 온기를 보낸다.

흔들리며 피는 꽃

- 박도경

내가 대학원에서 상담을 공부하던 때 큰아이는 한창 사춘기를 지나고 있었다. 어느 날 가족상담을 담당하던 교수님께서 말씀하셨다.

"자녀가 나타내는 증상은 대부분 부모의 사랑 부족에서 옵니다. 그리고 어떤 이유에서든 가족 체계의 균형이 깨질 때 가족을 회복시키기 위해 자녀는 증상을 나타냅니다."

부모의 사랑 부족이라는 말을 듣는 순간 큰아이가 떠오르면서 가슴속으로부터 자책이 몰려왔다. 성숙하지 못한 부모가 서로 자신만의 입장을 고집하며 다투는 동안 큰아이의 아픔을 보지 못했다. 첫째라는 이유로 동생에게 양보해야 한다며 다그치고 책임을 묻는 일도 잦았다. 생각이 그곳에 미치자 잘못된 양육을 하는 부모의 예시는 모두 우리 집 모습 같아 보였다.

중학교에 들어간 아이가 2학기에 들어선 어느 날 학교에 가지 않겠다고 했다. 빨간불이 켜졌다. 잠이 늘어가며 아침에 일어나는 것을 힘들어하긴 했는데 막상 입으로 표현되니 당황스러웠다. 아이를 달래어 학교에 보냈다. 그러나 그것도 하루 이틀이었다. 큰아이는 부모의 불화와 작은아이와의 비교에 점점 더 집중력을 잃고 활기를 잃어가고 있었다. 부모라는 울타리가 힘이 되어주지 못하고 있었다. 가슴이 아팠다. 그러나 해결 방법이 떠오르질 않았다.

그때부터 청소년기 아이를 어떻게 하면 건강하게 키워낼까에 대한 고민이 시작되었다. 청소년기의 특징과 청소년 시기의 양육 정보를 배우고, 자녀와의 대화 기법을 배웠다. 부모 교육뿐만 아니라 아이를 위해 할 수 있는 모든 자료를 찾아서 배우고 행동으로 옮기기 시작했다. 큰아이에게 집중하며 관심을 기울이게 되자 지난 시절의 내 모습들이 보이기 시작했다.

연년생 동생을 낳느라 이제 겨우 엄마를 알아보기 시작한 큰아이를 멀리 떨어져 있는 할머니와 지내게 한 것, 돌아와 엄마 눈을 피했던 아이에게 더 깊이 신경 쓰지 못한 것, 작은아이가 예쁘고 사랑스러워 큰아이에게 더 책임을 물었던 것, 행복한 삶을 살기를 바라는 욕심에 조바심 내며 다그쳤던 것, 딸아이인 동생에게는 관대하고 오빠에게는 엄격하게 대하는 남편을 보고만 있었던 것 등 어린 시절 충분히 주지 못한 관심과 사랑이 새록새록 기억났다.

'엄마가 미안하다. 엄마가 미안해….'

'그래, 아이가 당연히 받아야 했던 만큼, 아이가 원하는 만큼 부족했던 사랑을 채워주어야지!'

큰아이에게 마음을 쏟을수록 아이의 아픔이 가슴으로 느껴져 때도 없이 눈물이 흘러내렸다.

그렇게 못다 한 사랑을 퍼붓고 퍼부어도 화수분처럼 솟아나는 사춘기 증상은 끝이 보이지 않았다. 처음에는 만족하는 듯하다가도 다시 엄마의 사랑을 시험하는 순간들이 거듭되었다. 그러나 나는 엄마였다. 결코 포기할 수 없었다. 그렇게 꼬박 1년을 보냈다. 참으로 길고도 힘든 시간이었다.

어느 순간 대화가 시작되더니 아이가 조금씩 안정을 찾아가기 시작했다. 큰아이가 웃으면서 마음을 터놓기 시작하자 천군만마를 얻은 기분이었다. 그 누구와도 바꿀 수 없는, 가장 소중한 내 아이였기에 가슴 깊은 곳에서 모든 진심을 끌어내어 부족한 사랑을 메우고 또 메웠다. 그렇게 안정을 찾은 아이는 욕심을 내어 상위권 고등학교에 입학했다가 한 차례 휴학하기도 했지만 졸업 후 좋은 성적으로 당당히 대학에 입학했다. 지금은 대학에서 IT 융합을 전공한 뒤 IT 분야 개발자로서 자신의 삶을 잔잔히 펼쳐나가고 있다. 일찍이 어려움을 겪어서일까? 사려 깊고 공감 능력이 좋아 주변 사람들을 잘 포용하며 지내는 모습을 본다. 고통 없이 거저 주어지는 성장은 없다. 이제는 그런 큰아이를 생각하면 나도 모르게 미소가 지어진다.

요즘은 일 년에 한두 차례 큰아이와 명산에 오른다. 확 트인 조망과 정상에서 불어오는 청량한 바람을 아이와 함께 맞는 기분은 무엇과도 비교할 수 없을 만큼 좋다. 안과 밖으로 쌓인 먼지와 찌꺼기를 정상의 바람에게 넘겨주고 가벼운 걸음으로 돌아오는 기분도 그만이다.

'가족세우기'에서 성인이 되기 전 부모의 역할은 아이의 말을 들어주고, 아이를 바라보고, 아이를 있는 그대로 인정해주는 것이다. 한마디로 아이의 안전기지가 되어 곁에서 버팀목이 되어주는 것이다. 그리고 성인이 된 후에는 자녀를 떠나보내는 것이 사랑의 질서이다.

가족세우기 장에 아이들을 세운다. 더 정확히 말하면 아이들 대리인을 세운다. 그리고 나와 아이들의 관계를 한발 떨어져서 지켜본다. 성인이 된 아이들이 부모와 어느 정도 거리를 둔 채 자신의 길을 가고 있는 모습이 보인다. 아이들도 적당한 거리를 당연한 듯 받아들이는 모습이 이제는 자연스럽다.

편안한 마음으로 치유 문장을 이야기한다.

"엄마는 엄마의 인생을 살 테니, 너희는 너희의 인생을 살거라."

"나는 너희에게 바라는 기대와 소망, 바람, 원망을 모두 내려놓았다."

"너희가 원하고 바라는 것은 너희가 스스로 찾아가거라."

"너희를 존중하고 사랑한다."

아이의 어린 시절, 안정적이지 못했던 부부 생활과 작은아이에게 쏠린 애정이 잠시나마 가족 체계 속에서 큰아이의 소외를 불러왔었다. 가족은 모빌과 같아서 한쪽에서 균형이 깨지면 다른 쪽에서 영향을 받아 흔들리게 된다. 삶이란 만만치 않기에 우리 대부분이 흔들리며 살고 있음을 부정할 수는 없을 것이다. 흔들림 없이 멈추어만 있다면 생명력이 다한 것이 아닐까? 흔들림이 있고 난 후에야 정확히 멈추는 지점도 알 수 있다. 지금 우리가 겪고 있는 이 흔들림의 고통도 미래의 행복을 위한 토대로 귀하게 쓰일 것이다.

달과 해는 하루도 빠짐없이 서로 교차하며 어둠을 빛으로 바꾸고 있다. 하나의 흔들림이 멈추면 하나의 어둠이 빛으로 변할 것이다. 그리고 흔들림은 이내 다시 시작될 것이다. 생명이 있는 한 이 흔들림은 계속되면서 우리를 울고 웃게 할 것이다. 꽃들은 저마다 흔들리며 피어나고, 우리는 저마다 흔들리며 성장한다.

'계집애'라고 하나밖에 없는 게
엄마를 힘들게 하고

– 박서정

    우리 집에서 유일하게 나만 백일 사진도, 돌 사진도 없다. 다른 형제들은 배꼽이 훤히 보이도록 예쁘고 사랑스러운 통통한 배를 다 보이게 찍거나, 나름 좋은 옷을 입고 찍은 사진도 있었다. 밝고 환한 얼굴은 누가 봐도 귀한 집 아들처럼 보였다. 난 언제나 그런 사진을 볼 때마다 불만이 가슴 한가득 차올라 엄마에게 따지고는 했다. "왜 내 사진만 없어?" 그런 나에게 엄마는 "열 달이 지나서 남의 달을 먹고 나왔는데, 낳고 보니 비쩍 말랐는데 어떻게 사진을 찍어"라고 어이없다는 듯 말씀하셨다.

    그렇지만 내가 진짜 속상한 이유는 우리 집에 사진기가 있었는데도 불구하고 일상생활 사진도 없었기 때문이다. 기껏 가장 어릴 때 찍은 사진이라고는 세 살쯤 찍은, 작은오빠와 어린이용 오토바이를 함께 타고 있는 사진이 전부였다. 계속해서 엄마는 "젖은 안 나오는데 비위가 약해서 분유만 먹으면 다 토해서 거의 못 먹었어.

눈만 커다랗고 비쩍 말라서 걱정했는데, 다행히 홍시를 조금 줬더니 잘 받아먹길래, 살았다고 생각했어." 엄마는 마치 내 원망을 알고 미리 대답을 준비한 사람처럼 일사천리로 말씀하셨다. 생각해보니 4월생인 내가 홍시를 먹으려면 최소한 대여섯 달 정도는 기다렸을 텐데. 얼마나 말랐을까? 그렇지만 엄마에 대해 가슴 가득 섭섭한 마음이 밀려오는 것은 어쩔 수 없었다.

우리 집은 대가족이다. 부모님과 오빠 둘, 남동생이 둘씩이나 있다. 어릴 적 엄마는 아빠 일을 돕느라 바쁘셨다. 그런 상황에서 내 위로 아들 둘을 키우시다 비위 약하고 까다로운 나에게 엄마는 웃는 모습을 잘 보여주지 않으셨다. 언젠가 엄마가 옆집 아주머니에게 아들보다 딸이 키우기 힘들다고 한 말을 듣고 어린 나이였지만 많이 서운했다. 더군다나 내 바로 아래 연년생 남동생이 있고 막내 역시 남동생이다. 9년 사이 오 남매가 있어서일까? 바쁜 엄마 품에 따뜻하게 안기거나 예쁜 미소로 나를 바라보는 엄마를 본 기억이 없다.

난 언제나 엄마를 힘들게 하는 딸이었다. 아니, 엄마 배 속에 있을 때부터 열 달 안에 금방 태어나지 않고 노심초사 엄마를 걱정시킨 딸이었다. 어릴 때도 매일 배가 아프다고 징징거렸고, 편식이 심해서 아무거나 주는 대로 먹지도 않는 아이였다. 내 기억 속에 엄마는 날 좋아하지 않은 것 같았다. 그래서 난 엄마에게 인정받고 싶어서, 사랑받고 싶어서 많이 노력했다.

어느 오후, 그날도 엄마는 무척 바쁘셨다. 갓 태어난 동생에게 우유를 먹인 뒤 재워야 하는데 시간이 없어 쩔쩔매고 있었다. 엄마를 위해 나는 막냇동생을 업어주겠다며 내 등을 내밀었다. 엄마는 너도 작은데 동생을 어떻게 업어주냐고 염려했지만, 난 잘할 수 있다고 자신 있게 말했다. 엄마는 마지못해 긴 포대기를 반으로 접어서 간신히 동생을 내 등에 업혀주셨다. 그렇게 동생을 업어주기 시작했다. 동네 어귀 도림천 둑길을 걸어 다녔다. 항상 어릴 때 엄마가 재워주던 노래를 흥얼거렸다. '자장자장 우리 아가 잘도 잔다, 우리 아가. 앞산에서 해가 뜨고 뒷산에서 달이 뜨고, 자장자장 우리 아가 잘도 잔다, 우리 아가.'

조금 시간이 지나니 다리도 아프고 진땀이 나기 시작했다. 하지만 나는 동생을 재워야 집에 돌아갈 수 있다는 생각뿐이었다. 다행히 동생은 내 작은 등에서 잠이 들었다. 엄마는 긴 포대기를 질질 끌고 마당으로 들어서는 나에게 한걸음에 달려와서 나를 안아주었다. 그러고는 고생했다고 땀에 젖은 내 머리를 쓰다듬어주셨다. 그때 내 나이는 고작 다섯 살이었다. 엄마가 나에게 고마워하는 마음이 다섯 살의 나에게 고스란히 전해졌다. 힘들었지만 뿌듯했다. 그 일을 엄마는 오랫동안 칭찬해주셨다. 엄마에게 처음으로 인정받은 느낌이었다. 그 이후 동생은 언제나 내 몫이었고 힘들어도 묵묵히 참아냈다.

초등학교 입학 후, 나는 학교 부적응 아이였다. 집에서는 그렇게 똑똑하게 말을 잘하면서도 학교에서는 한마디도 하지 않았고, 시험은 늘 빵점만 맞아 왔다. 그리고 매일 배가 아프다며 학교에 가기 싫어했다. 그래도 엄마는 나로 인해 학교에 자주 다녀오셨다.

오빠들 일로 학교에 갈 때는 기세등등하게 다니셨지만 내 문제로 학교에 가실 땐 항상 위축되고 어두운 모습이었다. 모두가 나에게 도대체 왜 그러는지 이유를 물었지만 대답하지 않았다. 이유인즉, 담임 선생님이 반 친구들 앞에서, "박소윤 어린이는 아침에 똥을 끙끙 싸다가 늦었어요. 여러분은 아침에 똥을 싸지 말고 오세요"라며 내가 지각한 이유를 말하며 똥 싸는 흉내를 냈다. 반 친구들은 발을 동동 구르고 손바닥으로 책상 위를 두드리며 크게 웃었다. 난 너무 당황했고 창피해서 쥐구멍에 숨고 싶었다. 그 이후 난 학교에서 그 누구와도 이야기하지 않는 아이가 됐고 수업을 거부했다.

차마 그 일을 엄마에게 이야기할 수 없었다. 엄마가 그 일을 아시면 가만히 계시지 않을 것 같았다. 어린 마음에 말하지 않는 게 낫다고 생각했다. 덕분에 나는 기본적으로 배워야 할 모든 기초학습을 집에서 해결해야 했다. 받아쓰기와 구구단 외우기도 오빠들에게 혼나면서 배웠다. 그렇게 난 학교생활도 잘하지 못하는 골칫덩이가 되었다. 하지만 나와 달리 두 오빠는 우등생이고 모범생이었다. 엄마는 잘생기고 공부도 잘하는 큰오빠를 유독 자랑스러워했다. 작은오빠 역시 공부도 잘했고, 손재주가 좋아 만들기도 잘했다. 내 바로 아래 남동생은 항상 웃는 얼굴에 성격이 무던하고 무척 착했다. 막냇동생도 어렸지만 크게 문제를 일으키지 않았다. 엄마는 그런 아들들을 언제나 자랑스러워했고 듬직하게 생각했다. 그리고 그런 남자 형제들 틈에서 나는 엄마를 힘들게 하는, 성가시고 힘든 여동생이며 철없는 누나일 뿐이었다. 지금도 오빠들이 나에게 했던 말이 생각난다. "계집애라고 하나밖에 없는데 엄마를 힘들게 하고."

그 후 언젠가부터 난 집에서 가장 손이 많이 가는 딸이 되어 있었다. 그래서 근처에 홀로 사시는 큰이모 집에서 함께 지낼 때가 많았다. 하루는 한동안 엄마를 보지 못해 아버지에게 전화를 걸어 엄마가 보고 싶다고 했다. 나를 보러 엄마가 오는 시간에 대문 앞에서 엄마가 올라오는 골목길을 계속 바라보고 있었다. 저 멀리 담장 귀퉁이를 돌아서는 엄마가 보였다. 나는 반가움에 달려가서 엄마에게 안겼다. 엄마 품에서 항상 나는 향기로운 냄새가 느껴졌을 즈음, 엄마는 나를 매섭게 떼어놓으며 차갑게 물으셨다. "너, 이모한테 집에 대해 무슨 얘기 했어?" 무슨 말인지 알 수 없었다. 난 그냥 엄마가 너무나 보고 싶었고, 엄마에게 '우리 딸, 엄마 없이 잘 지냈어?'라는 따뜻한 말이 듣고 싶었을 뿐이었다. 나중에 알았지만 내가 이모에게 한 이야기를 듣고 엄마가 이모에게 혼났다고 하셨다. 그 이후 난 이모에게 집에서 일어난 일을 절대 말하지 않았다. 그 후 엄마가 다시 이모 집에 왔을 때, 나는 엄마에게 달려가 안기며 울먹이듯 말했다. "엄마, 나 이번에는 이모한테 아무 말도 하지 않았어."

50년이 지난 지금도 그 당시 속상하고 슬펐던 마음이 고스란히 전해져 온다. 커가면서 난 인정받기 위해 애썼다. 엄마는 칭찬보다 지적을 많이 하셨다. 그래서 뭔가 좀 더 나은 내가 되고자 노력했다. 형제들보다 좀 더 나아지기를 원했고 하나밖에 없는 딸 노릇을 잘하기 위해 애썼다. 돌이켜 생각하니 부족했던 나를 단련했던 모든 일들이 엄마로부터의 인정욕구와 사랑에 대한 갈망인 것을 알게 되었다. 그리고 늦게나마 엄마의 부드럽지 않은 잔소리와 지적은, 나에 대한 또 다른 사랑의 표현 방법인 것을 알게 되었다.

성인이 된 지금도 난 아직 엄마의 딸이고, 엄마는 나의 엄마다. 그때를 생각하면 엄마에 대한 끝없는 사랑의 갈망에 아직도 가슴이 먹먹해진다.

단지 사랑받고 싶었던 여인

- 박진현

"자신의 가족을 보고 싶은 사람 있어요?"

가족상담 수업 중 '가족세우기' 시간에 교수님이 말하였다. 가족을 본다는 것은 가족의 대리인을 세우고 그 움직임과 보이는 장의 모습을 통해 나의 가족관계를 알아보는 것이다. 수업할 때마다 '나도 오늘은 꼭 가족세우기를 해봐야지' 생각했지만, 생각만으로 몇 주가 지났다. 같이 공부하는 선생님들 앞에서 나의 가족관계를 보는 것이 부끄러웠다. 내가 생각했던 대로 나오지 않으면 어떡하나 하는 두려움 때문이었다.

'가족세우기' 장에서는 겉으로 보이는 관계뿐 아니라 내면 깊은 곳에서 일어나는 가족의 역동까지 보인다. 어떠한 문제가 드러나더라도 받아들일 자신이 아직 없기 때문에 겁이 났다.

내가 세워보고 싶었던 문제는 고부간의 갈등이었다. 7년 전 갈

등을 해결하지 못한 채 분가했다. '가족세우기' 장에서 시어머니가 나를 싫어하는 것이 아니었다고 나올까 봐 걱정되었다. 시어머니와의 갈등 문제가 나의 착각이었고 나의 문제였다면 어쩌나 하는 두려움이 들었다.

시어머니와 살면서 처음에는 노력을 많이 했다. 안 좋은 소리를 하셔도 나를 알게 되면 사이가 좋아질 것이라 생각했다. 그러나 시어머니는 강했다. 나를 가르친다는 명분으로 모든 것에 대해 꼬투리를 잡으셨다. 아침저녁으로 집 안을 쓸고 닦으라고 하셔서 거실을 청소해놓으면 TV 탁자를 들어 기어이 먼지를 긁어내고 나를 불러 먼지를 보라며 핀잔을 줬다. 집에 여자가 둘이나 있으면서 쌀이나 축내고 있다는 둥, 내가 음식을 잘못하면 너희 집에서는 이렇게 먹냐는 둥 잔소리가 심하셨다.

난 도무지 영문을 알 수 없었다. 처음에는 내가 맞춰보려고도 했고, 아니라고 해명도 해봤지만 그럴수록 더 혼나기만 했다. 노력해봤자 소용이 없다고 느낀 순간부터는 해야 할 일만 하고 시어머니와 좋게 지내려는 노력은 하지 않게 됐다. 말수는 점점 줄고, 얼굴은 어두워졌으며 여기저기 아프기 시작했다. 그것이 시어머니를 더 답답하게 만들었는지 '쟤 때문에 못살겠다' 하는 말씀을 자주 하며 화를 내셨다.

바쁜 남편이 한밤중에 들어오면 시어머니는 방으로 부르셔서 내 흉을 보시느라 1시간이 넘도록 얘길 하셨다. 아이를 재우려 업고 거실로 나오면 내 욕을 하는 시어머니의 소리가 고스란히 내 귀에 들렸다. 어떻게 저러실 수가 있을까? 서운하고 화도 나고 무엇보다 이해가 되질 않았다. 시어머니 방에서 남편이 속상해하지 말고 그냥 포기할 건 포기하라고 얘길 하는 소릴 들었다. 그 역시 서운하기는 마찬가지였다. 남편이 나에게는 시어머니가 원하는 대로 할 수 없냐는 말을 무심히 꺼낼 때마다 목이 화끈거릴 정도로 속이 꽉 막혔다.

평소에 같이 있을 시간이 많지 않고 늘 일에 신경을 쓰고 있는 남편에게 시어머니와의 일을 사사건건 얘기할 수도 없었다. 말해도 자기한테는 안 그런다며 이해하질 못하니 괜히 시어머니 욕을 하는 것 같아 나도 점점 말을 삼가게 되었다. 나는 속이 상할 대로 상했고 남편도 답답하기는 마찬가지였을 것이다. '이것이 드라마에서만 보았던 고부 갈등이구나'하는 생각이 들었고, 끝나지 않을 것 같은 터널 안에 갇혀 있는 듯 답답했다.

'가족세우기'를 통해 시어머니와 나의 관계를 보는 것은 나에게 큰 용기가 필요한 일이었다. 그러나 미루고 미뤄왔던 숙제처럼, 그것부터 풀지 않으면 안 될 것 같아 떨리는 손을 들었다.

"시어머니와의 관계를 보고 싶습니다."

"네 명 나오세요."

시어머니와 나를 보는데 '왜 네 명일까?' 의아했다. 교수님은 시부모님 자리에 두 명의 대리인을 나란히 세우고 마주 보는 자리에 나와 남편의 대리인 두 명을 세웠다. 의뢰인인 나는 교수님 옆자리에 앉았다. 떨리는 손을 맞잡고 눈을 감고 깊은 심호흡을 하며 가족세우기 장을 바라보았다.

"박 선생이 자기 자리로 들어가세요."

나는 대리인 대신 나의 자리에 직접 들어가 섰다. 깊은 심호흡을 하고 시어머니 대리인을 바라보니 시어머니의 눈빛이 보였다. 장에 서 있는 남편도 시아버지도 안 보이고 오로지 시어머니의 매서운 눈빛만이 보였다. 내 가슴은 평소 시어머니 앞에 설 때처럼 떨리고 목이 막혀왔다. 시어머니가 말했다.

"며느리가 못마땅해요. 아들은 너무 좋아요. 며느리가 미워요. 못마땅해 죽겠어요. 아주 싫어요."

시어머니의 말에 나는 막혔던 숨을 내쉬었다. 역시 내 느낌이 틀린 것이 아니었다.

"시어머니는 시아버지를 마주 보세요."

교수님의 말에 정신이 번쩍 들었다. 시어머니의 눈빛만 강렬하게 보여서 세우기 장의 흐름을 보질 못했다. 시어머니와 내가 대치 상태로 서로를 보고 있는 사이 시어머니 곁에 서 있던 시아버지는 점점 거리를 두며 멀어져 갔다. 시아버지는 아내가 너무 강해서 옆에 서 있을 수 없다고 하였고 멀리 떨어져 있는 것이 편하다고 하였다. 내 옆에 서 있던 남편은 부모님 사이가 벌어지기 시작하자 멀리 도망가듯 장에서 나가버렸다. 교수님은 장에서 벗어나려는 남편에게 나가면 안 된다고 하였지만 남편은 이렇게 하지 않으면 견딜 수가 없다고 하였다.

"시어머니와 시아버지가 마주 보며 서로에게 말합니다. 당신은 나의 남편입니다. 나는 당신의 아내입니다. 당신은 나의 아내입니다. 나는 당신의 남편입니다. 그리고 서로에게 감사하다고 말하며 절을 하세요."

시부모님은 절을 하고도 한참 동안을 그 자리에 서 있었다. 시아버지는 가까이 가고 싶지 않다고 하였고 시어머니는 너무 외롭다고 하였다. 다시 절을 하며 서로에게 감사한 마음이 들 때까지 고개를 숙이고 있으라고 했다. 잠시 후 고개를 들고 서로를 바라보는데 눈빛이 따뜻하게 달라져 있었다. 멀어졌던 시아버지가 시어머니 옆으로 가서 손을 잡고 나란히 섰다. 교수님이 나를 보고 말했다.

"며느리가 얘기합니다. 당신은 저의 시어머니입니다. 저는 당신의 며느리입니다. 당신은 당신의 삶을 사시고 저는 저의 삶을 살겠습니다."

말을 하고 고개 숙여 절을 하였다. 시부모님의 거리가 가까워지고 손을 잡으니, 장에서 벗어나 있던 남편이 빠른 걸음으로 나에게 다가와 내 옆에 섰다. 웃으며 부인이 예뻐 보인다고 하였다.

"당신들은 당신들의 삶을 사시고 저희는 저희의 삶을 살겠습니다."

우리 부부는 교수님의 안내에 따라 시부모에게 말을 하고 함께 고개 숙여 절을 하였다. 시어머니는 더 이상 외롭지 않고 이제 며느리가 좋아 보인다고 하였고, 둘이 잘 살았으면 좋겠다고 하였다.

"자, 장을 마치겠습니다. 아이고, 참 힘들었겠구나⋯."

나는 이 장을 통해 시어머니를 새롭게 보게 되었다. 시어머니가 나를 그토록 미워했던 것은 아들에 대한 사랑 때문이었다. 아들에게 그토록 사랑을 보냈던 것은 남편에게서 오는 외로움에서 비롯된 것이다. 나를 탓하던 크고 강한 시어머니가 아니라 남편에게 사랑받고 싶어 했던 여린 아내였다는 것을 알게 되었다. 나를 바라보던 매서운 눈빛이, 장이 끝났을 때는 남편의 손을 잡고 따뜻한 눈빛으로 변한 것을 보며 '그저 사랑받고 싶었던 여인이었구나' 하는 짠한 마음이 들었다.

이후 시어머니와의 관계는 믿지 못할 정도로 달라졌다. 시어머니의 못마땅한 눈빛 속에서 사랑받고 싶어 했던 여린 마음이 보이기 시작해서인지 더 이상 무섭지 않았다. 대신 외롭고 팍팍했을 시어머니의 삶이 보이기 시작했다. 나의 마음이 변화하면서 나는 시어머니의 편을 들기 시작했고 그렇게 자신의 편에 서 있는 며느리에게 사랑이 느껴졌는지 나를 대하는 마음도 태도도 달라지셨다.

누구를 위한 이사인가?

- 서순자

쿵쾅쿵쾅, 계단 뛰어오르는 소리가 들리는가 싶더니 이내 우리 집 현관문이 열렸다. 둘째 아들 열이가 후다닥 뛰어 들어오더니 작은방에서 검도 연습하던 목검을 들고 '죽여버릴 거야'라고 소리치며 뛰쳐나갔다. 엄마가 거실에 있는 것도 안 보이는지 본 척도 안 하고 나갔다.

거친 말투와 행동에 놀란 나는 아이 이름도 부르지 못하고 거실에서 멍하니 일어서기만 했다. 잠시 후 분에 못 이겨 씩씩거리며 욕을 해대면서 들어왔다. '다 죽일 거야! 다 죽일 거야!'를 반복하면서 엉엉 울어댔다.

큰아이 별이가 중학교 입학하면서 가고 싶다는 중학교 근처로 이사를 하게 되었다. 동시에 작은아이 열이도 학교를 옮겨야만 했다.

"나도 형아처럼 중학교 가면 이사할 거야. 지금 전학 가기 싫어. 안 가! 안 갈 거야!"

어린 열이의 말은 우리 가족 누구에게도 들리지 않았다. 초등학교 5학년. 전학하면서 열이의 시련이 시작되었다. 말로만 듣던 학교 왕따의 피해 대상자가 되었다. 전에 다니던 학교에선 자유로웠던 열이는 전학하며 들어간 반 친구들에게 무엇이든 제지를 당하는 아이가 되었다. 나름대로 살아갈 궁리를 한 열이는 담임 선생님에게 괴롭힘을 이야기했다. 다섯 명의 아이를 불러 선생님이 주의를 주어 혼냈고 사과시켰다. 그러나 사과는 형식에 불과했다. 아이들은 여전했다.

이렇게 시작된 열이의 시련으로 인해 나는 하던 일을 접었다. 아이들 키우는 일에 전념하기로 했다. 그래서 공부하기 시작한 심리학, 아동 발달, 상담이론 등은 자연과학을 전공한 나에게는 재미없고 어려운 책들이었지만 필수 교양서로 자리 잡아갔다.

열이는 서서히 자기만의 굴속으로 들어가기 시작했다. 전에 살던 동네에서는 집 바로 앞에 유치원이 있었다. 남자아이 둘이라 층간 소음을 생각해서 1층에 살았다. 우리 집은 언제나 동네 아이들 놀이터였다. 일을 하던 나는 동네 아이들에게 집을 놀이터로 내어놓았다. 뛰어놀다가 먼지와 모래투성이로 달려 들어와 물 먹고 다시 뛰어나가고, 배고프면 누구든지 간식을 집어 먹었고, 아이들은 낮 동안 우리 집을 당연한 공동생활 공간이라 생각하고 놀았다. 그렇게 동네 아이들과 어울려 놀던 열이는 자유롭고 활발한 아이였다.

열이가 이사 와서 왕따에서 벗어나기 위해 선택한 방법은 아이들과 뛰어노는 대신 책 읽기였다. 교실에 있는 학급 도서는 거의 통독했다고 했다. 엄마인 나는 생각지도 못했다. 그 이후 별다른 말이 없어 아이가 학교를 잘 다니는 줄 알았다. 학기 말에 다독상을 받아오고, 담임 선생님의 통지서 내용을 읽고서야 아이의 학교생활을 알게 되었다. 아이를 키우는 엄마로서 아이가 학교생활을 그렇게 힘들게 보내고 있는지 몰랐고 바쁜 엄마를 생각한 아이는 힘들다는 것을 이야기하지 않았다. 전학 가기 싫다는 말을 흘려들었듯이 아이는 무슨 말을 해도 엄마가 들어주지 않을 것이라고 단정했을 것이다. 죄책감이 올라왔다.

그나마 다행인 것은 아이가 독서 덕분에 다양한 분야에 지식이 풍부해져 있었다는 것이다. 가족이 놀러 가도, 가는 곳마다 안내서나 간판에 붙어 서서 내용을 읽느라 일행에게서 낙오되어 우리는 열이를 찾으러 되돌아가기 일쑤였다.

별이와 열이는 어릴 적 같은 유치원에 다녔다. 내 일터 근처로 아이들의 유치원을 옮기게 되었다. 아이들 하원 시간에 맞춰 집에 도착하기 어려워서였다. 유치원 크리스마스 공연 하루 전날, 아이들 손잡고 작품 전시회 구경을 갔다. 열이가 신나서 엄마 손을 잡고 이리저리 데리고 다니면서 설명해주었다.

"이건 내 건데 오리야, 저것도 내 그림이야."

"아니! 열이가 말을 이렇게 잘하네. 어머니! 저는 열이가 말을 못하는 줄 알았어요."

선생님의 말에 충격을 받았다. 그렇다면 열이가 거의 1년 동안 한마디도 안 하고 지냈다는 말이다. '선생님이 어떻게 아이에 대해서 그렇게 모를 수 있나' 하는 생각에 순간 화가 나 내 감정을 추스르지 못하고, 다음 날부터 당장 유치원을 끊어버렸다. 엄마인 나는 아이들보다 내 감정으로 먼저 행동했다. 그게 우리 아이들을 위해서 해야 할 엄마의 행동이라 믿었다. 형 별이는 내일 있을 유치원 공연에서 주인공 왕자 역을 맡아서 신이 나 있었다. 유치원에서는 내일이 공연이니 하루만이라도 아이들을 보내달라는 전화를 여러 번 걸어 왔다. 그러나 우리 아이들은 크리스마스 공연도 못 하고 유치원을 졸업해야만 했다. 그때 그 경험을 나는 놓치고 말았다.

하원 시간을 맞추지 못할 것 같아 유치원을 내 직장 근처로 옮겼을 때도 열이는 그전에 다니던 유치원으로 가겠다고 떼를 썼다. 아이의 투정이라고 그냥 가볍게 생각했다. 지금 돌이켜 생각해보면 어른들 편리한 대로 행동한 결과가 아이를 벙어리로 만들었다. 유치원 선생님들의 잘못이 아닌데도 아이에게 너무 관심이 없는 곳이라는 생각에 화가 난 내 행동은 아이들의 꿈을 앗아 갔다. 그런데 초등학교 때 또 이런 일을 반복한 꼴이 되었다.

별이가 고등학교에 입학했다. 본인이 원하는 곳이 아닌, 집에서 조금 먼 곳에 배정되었다. 반에서 한 명. 혼자만 멀리 떨어져 배정되었다. 친구도 없고 버스를 타고 다녀야만 했다. 별이는 학교를 안 다니고 검정고시를 보겠다고 했다. 남편도 남자애가 그럴 수 있다면서 별이 편을 들어주었다. 내 생각에는 검정고시는 절대 안 된다고 생각했다. 별이는 아이들 속에서 힘을 얻는 아이라 생각했고, 혼자서 검정고시 준비하는 것은 말도 안 된다고 생각했다.

"여보, 오늘 퇴근은 갈마동 청정빌라 204호로 와. 우리 오늘 이사했어."

"무슨 소리야?"

"이사했다고요, 큰애 학교 바로 앞으로. 내가 이사한다고 했잖아
요."

별이가 검정고시 이야기를 꺼냈을 때, 별이 학교 근처로 이사를
해야겠다고 생각했다. 남편과 가족들을 설득했다. 이번에는 전학
을 안 해도 된다고 설명하여 열이에게 동의를 받았다. 거의 반강제
로 동의를 받아내고, 바로 집을 구하러 돌아다녔다. 별이 학교까지
걸어서 오 분도 안 되는 거리에 비어 있는 집이 하나 나와 있었다.
곧바로 계약하고 일주일 만에 이사를 했다. 남편과 아이들에게 말
한 이사 날짜보다 앞당겨서 한 것이다. 나는 나름대로 남편과 아이
들이 쉬는 주말을 피해 평일 이사를 선택한 거였다. 나로서는 남편
과 아이들을 위한 배려였지만 가족들은 고마워하기보다는 황당해
했다.

별이는 무사히 고등학교를 졸업하고 본인이 원하는 대학에 입학
했다.

"초등학교 때도, 중학교 때도 형 때문에 형네 학교 앞으로 이사
갔었으니, 이제 내 차례야! 우리 학교 근처로 이사할 거지?"

"응, 응. 그래야지."

이렇게 해서 열이가 고등학교 때 지금의 동네로 이사를 했고 지
금까지 살고 있다. 현재 두 아이는 서울에 살고 있다. 나에게 서울
로 이사 오라는 소리를 많이 한다. 나도 이사하는 게 싫다. 아이들
을 위한 이사, 남편의 편의를 봐주기 위한 이사로 내가 희생한다고

생각하며 살았다. 전공을 버리고 상담 공부를 한 것도 아이들을 잘 키우기 위한 나의 희생이라고 생각했다. '가족세우기'를 하면서 내가 얼마나 착각 속에서 사랑을 했는지 보았다. 지금의 나를 있게 해준 것은, 나에게 와준 천사들 덕분임을 깨닫게 해준 '가족세우기'다. 성인이 된 아이들은 엄마에게 이벤트를 해주면서 행복을 느낀다고 한다. 철이 없다고 아이들 제안을 거절만 했던 나는 이제는 언제나 '예스'라고 대답한다. 이번 설 연휴에는 아이들과 미국 여행길에 오른다. 갑작스러운 제안이라 조금 부담스러웠지만 나는 아들들의 뜻을 받아들였다. 이런 갑작스러운 모습들이 나를 닮은 모습으로 보인다.

"아들들! 나의 아들들로 와줘서 고마워."

난 로봇이 아닙니다

- 임성희

가족이란 서로에게 살아가는 방식을 배우는 것일까, 아니면 늘 희생하고 인내하는 것일까. 가족이란 어떠해야 하는지에 대한 정답은 없다. 가족 구성원 각자가 '나는 평안한가'라는 물음에 '네'라고 대답할 수 있다면 그 가족은 행복한 것이다.

큰아이인 동선이가 중학교 때의 일이다.

"밥 먹어라."

동선이는 게임 중이다. 밥을 차려놓고 한참을 기다려도 오지 않는다. 게임을 그만하라며 화를 냈다. 조금만, 조금만 하면서 기다리다가 결국 나는 동선이가 게임 중인 컴퓨터의 코드를 뽑았다. 동선이는 벌떡 일어났다. 안 먹는다며 세게 문을 닫고 자신의 방으로 들어갔다.

하루 이틀 겪는 일이 아니었다. 어르기도 하고 달래기도 하면서 컴퓨터 사용 제한 시간을 지키라고 요구했다. 동선이는 듣는 둥 마는 둥 아무 말이 없었다. 동선이는 중학교에 올라가서부터 달라졌다. 공부도 하지 않고 오로지 컴퓨터 게임에 빠져 지냈다. 툭하면 동생에게 화를 내고 욕을 했다. 그러면 5살 밑의 우선이는 나에게 와서 형이 욕했다며 일러바쳤다. 난 작은아이인 우선이를 보호하려고 동선이를 더욱 혼냈다. 동선이는 점점 더 말이 없어졌다. 남편도 동선이와 매일 전쟁을 벌였다. 게임 시간부터 우선이의 일까지 남편도 동선이를 몰아세웠다. 남편은 컴퓨터 본체를 발로 차기도 하고, 모니터를 던져버리기도 했다.

어느 주말 동선이는 온종일 컴퓨터 게임에 매달렸다. 도저히 두고 볼 수가 없었다. 컴퓨터 콘센트를 뽑았다. 동선이는 불같이 화를 냈다. 나도 화를 냈다. 함께 욕도 했다. 동선이는 그런 나를 보면서 "내가 엄마 로봇인 줄 알아!" 하고는 방문을 '꽝!' 닫고 들어갔다. 그 말이 가슴에 들어왔다. 아팠다.

나는 어려서부터 엄마의 로봇이었다. 아버지가 중풍을 앓고 계셨기에 나와 여동생은 엄마의 일을 도와야 했다. 엄마가 밭에서 늦게 오거나 다른 집에 일하러 가면 아버지의 식사를 챙겨드려야 했다. 친구들과 놀다가 늦게 오면 마당에 널어놓은 고추를 거두어들이지 못해서 혼이 났다.

깨를 심든, 콩을 심든 우린 늘 함께 일을 했다. 고추 묘목을 심고, 가꾸고, 따는 일은 나와 내 여동생의 몫이었다. 배추 심는 날은 아침저녁 새참을 하면서 점심을 차렸다. 중간중간 쉬는 시간은 배추 심는 일을 도왔다. 담뱃잎을 따서 나르기도 했다.

일이 없을 때는 집 안 청소는 물론 가축들 먹이 주는 일까지 해야 했다. 놀고 싶었다. 친구들과 함께 놀러 다니는 아이들이 마냥 부러웠다. 놀다가 집에 늦게 도착하면 아버지는 한 손으로 작대기를 들고 쫓아왔다. 중풍으로 인해 오른쪽 팔과 다리가 마비되어 자연스럽게 움직이지 못하는 아버지가 괴물 같은 소리를 내면서 쫓아올 때는 무서웠다. 그래서 우리는 도망쳤다. 아버지가 원망스러웠다.

어느 날 엄마는 나와 여동생을 마루에 앉혀놓고 눈물을 글썽이며 말했다.

"아버지가 저렇게 아프니 너희가 도와야 한다. 엄마는 너희 때문에 사는 거야."

엄마의 이 말은 나에게 죄책감을 안겨주었다. 아버지가 꼭 우리 때문에 아픈 것 같았다. 더 열심히 엄마 일을 도왔고, 그것이 당연하다고 생각했다. 노는 것은 죄짓는 기분이 들었다.

친구들과 놀다가 해가 뉘엿뉘엿 넘어갈 때면 집으로 급하게 뛰어갔다. 해가 넘어간 날은 겁에 잔뜩 질린 채 들어갔다. '엄마가 왔을까, 안 왔으면 어떻게 하지' 생각하며 부엌으로 들어갔다. 엄마가 먼저 와서 밥을 하고 계시면 안심이 되었지만, 한편으론 죄송한 마음이 들었다. 엄마가 오지 않아 부엌 불이 꺼져 있을 때면 서둘러 저녁 식사를 준비했다. 불안과 죄책감은 항상 나를 따라다녔다.

남편은 퇴근하면서 늘 소주를 사 온다. 저녁밥을 먹으며 술도 함께 마신다. 어느 정도 취기가 올라오면 시어머니 이야기를 했다. 남편이 고등학교 1학년 때 시어머니가 돌아가신 이야기, 시집살이 당한 이야기, 음식 솜씨가 좋아 동네 잔치마다 불려 갔던 이야기, 한글을 몰라서 버스를 잘못 타곤 했던 이야기와 자신과 시장에 함께 다녔던 이야기 등을 했다. 마지막에는 늘 "난 엄마를 따라갈 거야. 얼마 안 남았어. 곧 갈 거야"라는 말을 했다. 남편이 정말로 시어머니를 따라 죽을 것 같았다. 무서웠다. 남편에게 죽는다는 말 하지 말라고 했다. 술도 그만 마시라고 소리쳤다. 그러나 술 마시는 날은 점점 늘어났다. 남편이 술을 마시는 날에는 나는 혼자서 밥을 먼저 먹고, 텔레비전을 보았다. 남편이 뭐라고 해도 듣는 척도 하지 않았다.

어느 날 남편은 또 술을 마셨다. 술을 마신 상태에서 동선이에게 훈계를 하고 있었다. 그런 남편에게 화가 났다. "그만해. 아이에게 그만하고 잠이나 자!"라고 소리쳤다. 남편은 그 말에 더 화를 냈다. "아빠가 이런 말도 못 해?"라고 쏘아붙였다. "그럼 술 마시지 말고 이야기해"라며 더 큰 소리를 냈다. "난 지금 멀쩡해. 내가 미친놈 같아!"라고 하더니 옷장의 문짝을 주먹으로 내리쳤다. 내 옆에 있던 옷장의 문짝은 퍽 소리와 함께 부서졌다. 이 사람이 나를 칠 수도 있겠다는 공포감이 들었다. 나는 아무 말도 하지 않았다. 남편은 담배를 피우러 밖으로 나갔다가 한참 뒤에 들어와 잠을 잤다.

다음 날 남편은 회사에 출근했다. 남편의 문자메시지가 왔다. 자신을 무시하는 것 같아 화가 났다며 미안하다고 했다. 그래도 주먹을 사용한 것은 잘못했다고 했다. 사과는 늘 이런 식이었다. 남편은 예전부터 술을 마시면 시어머니 이야기를 했고, 시어머니 따라 죽을 것이라고 했다. 그러다가 내 반응에 무시당한다는 느낌이 들면 불같이 화를 냈다. 평소엔 다정하고 자상한 남편이지만, 술을 마시고 기분이 상하면 무섭게 변하는 사람이었다.

어린 시절부터 이어진 엄마의 지나친 요구, 남편의 폭력적인 모습, 동선이의 게임 중독은 나를 불안하게 만들었다. 가정을 지키려면 참고 사는 것이 당연하다고 생각했다.

대학원에서 경험한 '가족세우기'를 통해 가족을 알아가기 시작했다. 엄마, 남편, 동선이를 이해하게 됐다. 가족 간에는 질서와 서열, 그리고 존중이 필요하다는 것을 알게 되었다. '가족세우기'를 통해 관계를 풀어나가는 방법도 배웠다. 가족과의 관계가 훨씬 편안해졌다.

가족이란 행복하기 위해 만들어진 공동체다. 그런데 정작 행복과는 거리가 멀어질 때가 있다. 행복과 멀어져 있다는 것은 결국 내 마음이 편하지 않다는 것이다. 무슨 일이 일어날까 불안하고, 어떤 일이 일어나면 다 내 죄인 것 같고, 그래서 더욱 화내고 초조했던 마음들.

이런 내 마음을 먼저 들여다보고, 가족의 마음을 들여다볼 수 있게 한 '가족세우기'는 가족관계를 다시 볼 수 있게 해주었다. 가족에게 어떠한 일이 발생했었다고 하더라도 있었던 그대로, 있는 그대로 수용하고 존중할 수 있다면 가족 각자는 평안할 것이다.

살아라, 네 삶을 살아라

- 임효정

토라져 삐친 듯 하늘에서 비가 내리지 않는다. 애꿎은 열매들이 제 몸 키우지 못하는 날들이 많아지고 있다. 제 몸 키우지 못하는 열매를 보며 밭을 일구던 할머니가, 쨍쨍 볕에 날 선 욕을 한다. 그러다가 비가 내린다. 장마다. 사계절 철마다 이 비슷한 일들이 반복된다.

나는 화장실 구석에 쭈그리고 앉았다. 작년 여름 쓰고 넣어둔 선풍기를 꺼내어 묵은때를 박박 문지르고 있다. 그러다 반사된 거울에 선풍기를 닦는 내 뒷모습이 보인다. 익숙한 모습이다. 아빠가 보인다. 아빠도 그렇게 여름이 되면 선풍기의 묵은때를 닦았다. 아빠가 문득 떠오르는 이유는 엊그제 만나고 와서인지도 모르겠다. 낯선 비석이 즐비한 추모 공원에 아빠의 온기는 없었다. 그 대신 죽음이 전하는 메시지가 있었다.

아빠는 된장찌개를 좋아하고 중국 배우 주성치를 좋아했다. 특히 중국 무협 시리즈를 좋아했다. 방학이 되면 비디오를 10개, 20개 빌려 오셨다. 비디오테이프로 중국 무협 시리즈물을 겨울밤이나 여름밤 늦게까지 즐겨 봤다. 하늘을 날고 의를 지키면서 죽음을 불사하는데도 절대로 죽지 않는 주인공이 등장했다. 그리고 '원래 나쁜 놈'과 '복수에 눈이 먼 나쁜 놈'이 만들어내는 이야기에 나는 두 손 가득 땀이 났다. 그러다 배가 출출해지면 아빠는 별말 없이 누룽지에 오뚜기 크림수프 가루를 넣어서 끓여주었다. 어느 날은 라면에 누룽지를 넣어서 푹 끓여주셨다. 수저로 퍼먹어도 되는 푸근한 아빠 라면은 언제나 '잠이 쏟아지는 맛'이었다.

무엇보다 아빠가 제일 좋아했던 건 '나'였다. 꾸깃꾸깃 접은 비상금을 몰래 내 작은 손에 쥐여줄 때, 매섭게 추운 날 따뜻하게 데운 아빠 주머니에 손을 넣게 할 때. 늦은 밤이면 발꿈치 들고 곁으로 다가와 이불을 목까지 덮어줄 때. 그 많은 순간이 어린 나를 날마다 자라게 했다.

아빠는 말이 없는 사람이었다. 속이야기를 말하지 않았다. 동네에서 말이 없는 사람으로 유명했다. 그러던 아빠가 50세쯤 되던 어느 날, 거울을 보다가 흐느껴 우셨다. 그 이유를 나중에 엄마가 알려주었다. 아빠는 나이가 들면서 당신의 아버지(할아버지)를 닮아가는 얼굴이 싫어서 자주 괴로워했노라고.

내 기억에 아빠는 할아버지를 만나러 가지 않았다. 무슨 일이 있었던 걸까? 할아버지는 돌아가시기 1년 전 우리 집으로 오셨다. 마땅히 갈 곳이 없으셨다고 한다. 그리고 우리 집에서 임종을 맞이하셨다. 아빠는 할아버지에게 화를 내지도 않았다. 아무 말이 없었다.

가장 먼저 가족입니다

아빠 나이 세 살이 되던 해에 할머니는 할아버지가 던진 요강에 머리를 다치셨다. 머리를 다치신 할머니는 며칠 뒤에 돌아가셨다. 할아버지는 1년을 넘기지 않아서 재혼했다. 아빠는 새할머니의 구박에도, 할아버지의 면박에도 말이 없었다.

어느덧 청년이 되어 군대에서 전역 후 집으로 돌아오니, 가족들 모두 이사를 가버려 홀로 길에 남겨졌다. 눈물이 소나기처럼 쏟아지던 그날도 아빠는 아픈 마음을 말하지 못했다. 삭힌 맘들은 몸에 생채기를 남긴다. 아빠는 홀로 참아서 우울하지 않았을까? 할아버지 얼굴을 닮아가서 괴로워하던 50대 중반에 병이 찾아왔다. 머리에 혈관이 터져 쓰러진 12년 동안에도 말하지 않았다. 의사는 우울성 함구증이라고 말했다.

'가족세우기'에서는 과거 세대에 해결되지 않은 슬픔으로 인한 우울증을 본다. 이른 부모의 죽음과 폭력은 자칫 대를 이어 내려간다. 어린 자녀는 부모의 숙명이 가슴 아프다. 부모를 위해 뭐라도 해야 할 것 같은 마음이 든다. 이를 두고 눈먼 사랑이라고 하는데, 자녀는 자연스럽게 눈먼 사랑에 빠진다. 눈먼 사랑은 부모의 죽음에 따라가고 싶거나 죄책감과 수치심을 대신 짊어진다. 짊어짐은 대체로 건강한 일상을 방해한다. 부모의 이른 사망을 경험하는 자녀는 고통이 심하다. 고통으로 인해 서서히 자기의 내면에 고립된다. 고립된 이들은 '관계 맺기'라는 타고난 능력을 온전히 쓰지 못하게 된다. 고립은 성에 갇힌 모양이다. 나는 생을 충실히 살아온 아빠에게 감사할 따름이다. 글을 쓰는 귓가에 아빠의 말소리가 들리는 듯하다. 늘 드시던 커피믹스 입 내음과 함께.

"딸아, 네 삶을 살아. 아빠가 사랑해."

나는 소리 없이 크게 답한다.

"네!"

잘나지는 않았어도 아빠를 닮은 이 얼굴, 이 마음 그대로 나는 내가 괜찮다. 부모의 사랑은 흘러간다. 위에서 아래로 흐르는 물결처럼 자녀에게 흘러간다. 할아버지와 할머니도 아빠에게 말하시리라.

"아들아, 우리 부부의 일이다. 아버지의 짐은 아버지에게 맡기고 너는 네 삶을 살거라."

"엄마는 너를 언제나 사랑한다. 너와 오래 살지 못해서 미안하다. 내 운명이다. 너는 네 삶을 살아라"라고.

나는 이따금 혼자 중얼거린다.

"있었던 그대로, 있는 그대로 사랑합니다. 감사합니다."

신기하게도 중얼중얼 소리로 낸 치유의 말은 내면에 스며든다. 제아무리 가뭄이 길다 해도 하늘에서 내리는 비는 모든 땅에 스며든다. 할아버지와 할머니, 아빠의 삶에 대해서는 가족 모두 알지만 비밀이었다. 그러나 이제 비밀은 없다. 날이 더워서 땀이 흘러도 마음을 열고 나누면 고된 일이 없다. 집으로 돌아와 아이들과 웃는다. 나에게 다가오며 막춤을 추는 아들의 장난을 보노라니 사랑이 흐르는 것을 느낀다. 기쁨이 명료해진다. 중국 무협 시리즈와 달리 나쁜 사람, 좋은 사람은 정해져 있지 않다. 그냥 모두 '주인공'일 뿐이다.

위기의 가정, 회복되다

- 조남희

93세 아버지께서는 요추 골절로, 87세 어머니는 갈비뼈 골절 후 자리에 누워 계신 지 4년째 되었습니다. 대소변을 받는 상태로 친정 본가에서 요양 중이십니다. 아버지께서 위독하셔서 중환자실로 이송되던 날, 앰뷸런스에 가족 대표로 탑승을 했습니다. 산소호흡기를 달고 의식이 없는 모습, 힘이 없이 누워 계시는 아버지 옆에서 처음으로 존재로서의 아버지를 만났습니다.

아버지에 대한 주된 감정은 두려움과 분노입니다. 큰 소리로 화를 내시며 엄마를 죽일 듯 때리시는 아버지를 증오했습니다. 아무런 대항도 하지 못하고 일방적으로 당하시는 엄마의 무기력함이 참담했습니다. 가해자라 생각한 아버지뿐만 아니라 어머니에게도 화가 났습니다. 오랜 시간 아버지에 대한 미운 마음으로 힘들었습니다. 부정적 감정의 근원이었던 거목이 쓰러졌습니다. 큰 산이 무너져내린 느낌! 의식이 없는 아버지 손을 잡고 고백했습니다.

"아버지, 죄송해요. 아버지를 미워한 저를 용서해주세요!"

인생 등고선을 그려보면 누구나 다양합니다. 가장 낮은 곳, 바닥을 쳤던 시기는 고등학교 2학년 때.

아버지께서 대학에서 해직당하셨습니다. 딸 다섯을 둔 가장이 직업을 잃어버렸습니다. 경제적 위기를 가족들이 똘똘 뭉쳐서 함께 극복했었으면 얼마나 좋았을까요?

아버지께서는 실직의 고통을 술과 분노로 푸셨습니다. 안주도 없이 소주를 드셨습니다. 술에 취하시면 고래고래 소리를 지르시며 엄마를 때리셨습니다. 엄마가 아버지에게 맞아 죽을까 봐 두려움에 떨었습니다. 어느 날 엄마를 향한 아버지 주먹을 막으려다가 코뼈가 부러졌습니다. 고래 싸움에 새우 등 터지듯 코가 터졌습니다. 병원에도 가지 못하고 반창고만 붙이고 학교에 갔습니다.

지금도 한쪽 코가 휘어져서 숨쉬기가 불편합니다.

프로이트는 정신적인 고통을 벗어나기 위해 방어기제를 선택한다고 하였습니다. 방어기제로 억압과 웃음을 선택했습니다. 여고 시절 친구들은 웃는 모습이 참 예뻤던 친구로 저를 기억합니다. 친한 친구들에게도 어려운 집안 사정을 털어놓지 못했습니다. 아무렇지도 않은 척 위장하며 학교를 다녔습니다.

'어떻게 해야 아버지의 폭력을 멈출 수 있을까?'

제가 어렸을 때는 집집마다 쥐가 들끓어서 한 달에 한 번씩 쥐약을 나눠주었습니다. 초등학교 시절에는 숙제로 쥐꼬리를 제출한 적도 있으니 참으로 격세지감입니다.

'내가 죽으면 아버지가 엄마를 때리는 것을 그만둘까?'

정말 죽고 싶었던 것은 아니었고, 어떻게든 고통스러운 가족 위기 상황을 막고 싶었습니다. 음독자살 시도. 천만다행히 어머니가 일찍 발견해서 병원에서 위 세척을 하고 살아났습니다. 죽음의 위기를 극복하고 오늘 살아 있음이 기적입니다. 안타깝게도 아버지의 폭력은 그 후로도 오랫동안 지속되었습니다.

대학교 2학년 겨울방학 때 남편을 만나 연애를 하고 졸업 후 중학교 영어 교사로 취업을 하였습니다. 일 년 만에 학교에 사표를 내고 결혼을 서두른 이유는, 부모님이 불화하시는 집에서 빨리 벗어나고 싶었기 때문입니다. '나는 결혼해서 정말 행복하게 잘 살아야지!' 다짐했습니다. 그러나 결혼 생활은 희노애락, 파란만장하였습니다.

부부 갈등이 극단적으로 치닫던 어느 날, 큰아들 경하 담임 선생님으로부터 전화가 걸려 왔습니다. 아들이 학교에서 급우와 다투다가 다쳐서 병원에 입원해 있으니 빨리 병원으로 오라는 소식이었습니다. 저는 다니던 직장에서, 남편은 부대 근무하던 중 소식을 전해 듣고 놀라서 달려갔습니다. 학급 반장이었던 아들이 학급비를 걷다가 급우와 시비가 붙었답니다. 상대방 학생이 복도로 나오라고 하더니 바로 소지하고 다니던 잭나이프로 아들을 찔렀다고, 목격한 친구들이 전해주었습니다.

상대방 학생은 불특정 다수에 대한 적개심으로 책가방 속에 칼을 소지하고 다녔습니다. 안타깝게도 그 아이가 휘두른 칼에 아들이 상해를 당한 것이었습니다. 4대째 기독교 가정에서 전도사 딸로 자라났습니다. 어머니의 가르침이 화해와 용서하는 사랑이었기에 피해자 엄마로서 가해자인 상대방을 처벌하지 않겠다고 합의서를 먼저 써주었습니다. 그러나 학교 선생님들이 폭력 사건에 대해 조사하는 과정에서 부당하게 아들은 피해자인데도 교내 봉사처분을 받았습니다. 자식을 학교에 맡긴 부모로 학교 측의 부당한 처벌에 억울한 마음이 들었습니다. 하지만 저는 강력하게 항의하지 못했습니다.

억울한 마음으로 잠도 제대로 자지 못하고 불면증에 시달렸습니다. 자다가 깨서 방바닥을 기어다니면서 통곡을 하며 우는 증상이 나타났습니다. 아내의 증상이 심각하다는 사실을 인식한 남편이 상담하시는 목사님께 데리고 갔습니다. 목사님께 조울증 진단을 받았습니다. 그 지경이 된 아내를 본 남편이 교장 선생님을 찾아갔습니다.

"상해 사건 피해자인 아들에게 내린 교내 봉사 명령을 철회하지 않으면 교육청에 고발하겠다."

당당히 요구했습니다. 마침내 학교 측에서 아들에게 내렸던 교내 봉사를 철회하였습니다.

훗날 가족치료 상담을 공부할 때 가정의 두 기둥인 부모가 갈등으로 흔들리면 자녀들이 불안감에서 해방되기 위해서 역할을 선택한다는 것을 배웠습니다. 역기능 가정의 자녀 역할은 다양합니다. 비행 청소년, 희생양, 부모의 대리 배우자, 부모의 부모, 영웅, 어릿광대, 소년 소녀 가장, 신체화 질병, 반항아, 문제아, 잃어버린 아이(애 어른) 등 다채롭습니다. 저는 엄마의 대리 배우자, 동생들에는 엄마 역할을 했습니다. 가엾은 아들은 부부 싸움을 중단시키려고 칼에 찔리면서 희생양이 되었네요.

가족치료를 배운 뒤 아들에게 사과했습니다.

"미안해, 아들! 엄마 아빠 싸움 중지시키느라 네가 다쳤네!"

"엄마! 괜찮아요. 제가 다쳐서 우리 가족 화목하게 되었잖아요."

아들은 이미 모든 것을 알고 있었습니다. 억장이 무너지는 심정이었습니다.

그 후로 우리 부부가 싸움을 멈추었는지 궁금하시지요? 아들이 다쳤을 때는 임시 휴전하였지만, 그 뒤로도 빈번하게 부부 전쟁을 겪었습니다. 산전수전, 공중전을 치르면서 이제는 전우애로 살아가고 있습니다. 사선을 넘어 동지가 된 전우애는 남녀 간의 사랑보다 훨씬 깊은 사랑입니다. 부부에 관한 책을 집필하게 되면 쓰려고 미리 정해둔 책 제목은 '이 웬수야! 사랑해', '정말 미워! 내 사랑'입니다. 가족에 대한 사랑과 증오의 양가감정을 나타낸 표현입니다.

오늘 지금 여기에서, 원수를 사랑하라는 예수님 말씀 실천하며 행복하게 살고 있습니다.

나도 엄마 등에 업히고 싶다

- 조왕신

잠에서 깨면 엄마의 자리는 항상 비어 있었다. 엄마는 매일 새벽부터 부엌에서 분주했다. 김이 뽀얗게 서린 부엌 유리창 너머로 등 그렇게 틀어 올린 머리를 하고 바쁘게 움직이는 엄마가 보였다. 손이 물에 젖어 빨갛게 보였다. 마루에 앉아 바라본 엄마는 앞머리가 살짝 흘러내려 예쁘게 보였다. 동네에서 멋쟁이라고 소문 난 미용실 아줌마보다 엄마가 더 예뻤다.

'엄마는 내가 깼다는 걸 알까?' 엄마가 몸을 돌리거나 굽힐 때 엄마 등에 업혀 있는 막냇동생의 다리가 포대기 밑으로 보였다. 괜히 심술이 나서 쿵쾅거리며 다시 방으로 들어갔다. 씩씩거리며 이불 뒤집어쓰고 혼잣말로 투덜댔다.

'나도 엄마 등에 업히고 싶다고.' '엄마 미워.' '나 할머니한테 갈래.'

아버지는 6남 2녀, 8남매 중에 장남이다. 시골의 살림 큰 집 만

며느리인 엄마는 일이 엄청 많았다. 할아버지 집은 언제나 일하는 사람들로 부산했다. 엄마는 이른 아침에 어른들 밥상 차리는 일을 시작으로 일꾼들 식사며 아직 어린 삼촌들 뒤치다꺼리까지 집안 모든 일을 책임지셨다. 식모와 심부름하는 아이도 있었지만, 엄마의 일은 항상 늦은 저녁까지 이어졌다.

엄마가 나를 낳던 날은 유난히 밭에서 일을 많이 하셨다. 엄마의 과로 때문에 나는 예정일을 못 채우고 두어 달 빨리 세상에 나왔다. 엄마 젖을 빨지 못했다. 할머니께서 매일 암죽을 쑤어 찻숟가락으로 종일 떠먹이며 나를 키우셨다.

엄마는 할머니 품에 있는 나를 마음대로 안아보지도 못했다. 울기나 하면 핑계 대고 좀 안아보련만, 순하게 혼자 잘 놀아서 엄마를 서운하게 했다고 한다.

첫돌이 지나고 남동생이 생겼다. 그때부터 엄마 품은 남동생 것이었다.

도시로 이사 와서 혼자 직장을 다니시던 아버지와 함께 살게 되었다. 그 뒤로 남동생 2명이 더 생겼다.

시골에서 여섯째 삼촌이 고등학교 진학을 위해 우리 집으로 왔다. 다음 해에는 일곱째 삼촌이 올라오고 또 다음 해에는 막내 고모가 중학교 진학을 위해 올라왔다.

그 당시 학교 급식이 없었던 시절, 고등학교 시험 준비로 인해 늦게 하교하던 때다. 엄마는 아침에 도시락만 5개를 싸야 했다. 세탁기도 없었다. 손빨래도 여간 많은 게 아니었다. 마당 한쪽 빨랫줄에는 크고 무거운 삼촌들 체육복이 늘 널려 있었다.

할머니는 애들이 많아 엄마가 힘들다며 연년생 남동생과 나를 돌아가며 봐주신다 했다. 그러나 동생은 장난이 너무 심해 시골에서 많이 다친다고 주로 나를 데려가셨다. 엄마와 떨어지는 게 싫었지만 내가 떼쓰고 고집부리면 엄마 속상할까 봐 따라갔다. 시골에 가면 엄마가 보고 싶어 한참씩 마루에 엎드려 울곤 했다. 할아버지, 할머니, 삼촌, 고모, 아재, 아줌마, 동네 언니들까지 주변에 많은 사람이 있었지만, 나에겐 엄마가 없었다.

"엄마, 배고파. 밥 먹게."
"야, 야, 아직 아무도 안 왔구먼. 조금만 기다리자."
식구들이 모이는 날이면 심심찮게 오가는 대화다. 나와 다른 동생들 다 있어도 큰동생이 없으면 엄마에겐 아직 아무도 안 온 거다. 간혹 큰동생이 먼저 오는 날이면 "다 왔네? 밥 먹자" 하셨다. 큰아들만 모르고 우리 모두 아는 사실이다. 엄마한테 큰아들은 그런 존재였다.

잠을 자다 문득 깨었을 때 방 윗목에 둥근 상을 펴고 주판알을 튕기며 일하시는 아버지 모습을 보았다. 아마 늦은 시간이었을 텐데 엄마는 아버지 곁에서 가위로 마른 문어 다리를 자르고 계셨다. 아버지가 "그만!" 하고 말씀하실 때까지 작은 접시에 자른 문어 다리를 채워놓았다. 엉금엉금 기어가 아버지 다리 위에 얼굴을 비비면 아버지는 말없이 작고 부드러운 문어 다리를 골라서 내 입에 넣어주셨다.

2013년 5월, 아버지가 돌아가셨다. 아버지가 쓰시던 침대 협탁을 정리하다가 1982년 어버이날에 보낸 내 편지와 둘째 동생 사진이 붙어 있는 1985년 학력고사 수험표를 발견했다. 아버지는 말없이 자녀들의 아픔과 성장을 잊지 않고 오래 간직하시는 분이셨다.

할머니는 나를 보고 아버지를 닮았다고 했다. 엄마 닮았다는 말이 더 듣고 싶었다. 동생만 바라보는 엄마가 미우면서도 엄마가 나를 바라봐주길 원했다. 엄마가 시키지 않아도 엄마 동선 따라 미리 청소도 하고 동생들 데리고 이용실에 가서 머리도 깎이고 학교 숙제며 준비물도 다 챙겨주었다. 동생들이 잘못한 일도 내가 대표로 혼났다.

"누나가 돼서…." "여자니까…." "기왕 하는 거…."

때론 버겁기도 했지만 '열 손가락 깨물어 안 아픈 손가락 없다' 하시는 엄마에게 말대꾸하지 않았다.

대학 졸업 후 3년간 직장에 다녔다. 형제 단출한 남편과 결혼해 남매를 두었다. 늘 북적대던 친정과 다르게 시댁 주변은 조용했다.

"어부바."

아이가 자다 깨서 울면 나는 얼른 달려가 아이에게 등을 내주었다. 등 뒤에서 작은 손가락을 꼼지락거리는 느낌이 전해지면 행복했다. 포대기를 대고 아이를 업었을 때는 안았을 때와 다른 만족감이 있었다. 가끔은 아이가 내 등에 얼굴을 비비다 잠이 들어도 침대에 내려놓지 않고 업고 있었다.

나도 엄마 등에 업히고 싶었다.

3장

가족관계의
얽힘과
풀림

엄마, 내 인생에 들어오지 마세요

- 김명서

"엄마가 우리를 사랑하듯이, 엄마를 사랑하게 허락하세요."

부모는 주고 자녀는 받는다. 부모와 자녀의 관계에서 주기와 받기의 균형이 무너지면 '가족세우기'에서는 '얽힘'이 생긴다고 표현한다. 부부로 연결되면 서로에 대해 신뢰하고 책임으로 반응해줘야 한다. 그에 따른 혜택과 짐도 서로 공유해야 한다. 이렇게 건강한 부모의 자녀는 부모의 사랑을 받고, 후에 그들의 자녀에게 사랑을 준다.

어린 시절 기억 속의 부모님은 눈만 마주쳐도 뽀뽀를 했다. 싸우고 나서도 서로 좁은 거실에서 지나치면 뽀뽀를 하거나 안아주는 일이 일상이었다. 자녀들에게도 따뜻한 신체 접촉이 자연스러웠다.

철도 공무원이셨던 아빠는 격일로 출퇴근을 하셨다. 밤새 근무를 마치고 퇴근을 해서 오면 자녀 4명은 아빠에게 매달려서 반갑게 인사를 했다. 아빠가 씻고 나와 방바닥에 누워 계시면 나와 동생들은 양쪽 팔과 다리를 베고 누워 떨어지지 않았다. 엄마는 그럴 때마다 아빠가 편히 주무셔야 한다고 방에서 나가라고 했지만 아빠는 그저 웃으며 "괜찮아" 하셨다. 그 상태로 낮잠을 주무셨다.

이렇게 아빠가 퇴근해서 오는 날은 행복하고 평화로웠다. 그런데 아빠가 출근하는 날은 나에게 지옥이었다. 할아버지와 할머니를 모시고 살고 싶었던 아빠는 엄마 몰래 도시의 아파트를 팔았고 1년만 함께 시부모와 살자며 엄마를 설득했다. 시골 시부모 집으로 들어왔고 1년의 약속은 거짓이었다. 50년이 훌쩍 지나버렸다. 할머니는 드라마에서 나오는 악덕 시어머니의 역할을 충실하게 재연하셨고, 엄마는 모든 푸념을 들어주는 감정 쓰레기통 역할을 큰딸인 나에게 주었다. 학교에서 마치고 집에 오면 마루에서 도시락을 꺼내 설거지를 했다. 씻고 나서 내가 입었던 옷을 벗어 빨래를 하고 저녁 준비를 도왔다.

아궁이에 불을 지피기 시작하면 불이 밖으로 나오지 않도록 아궁이 불 앞에서 꼼짝 못 하고 불을 봐야 했다. 엄마는 그 시간을 기다렸다는 듯 그날에 할머니가 했던 말과 행동에 대한 서러움과 분노, 속상함과 슬픔을 나에게 털어놓았다. 아궁이에 시선을 고정하고 묵묵하게 듣기만 했다. 그때 행동이 습관이 되어 내 감정을 표현하거나 말하는 것에 그다지 자유롭지 못했다.

아빠가 퇴근하는 날은 엄마의 감정에서 벗어나는 날, 천국과도 같았다. 엄마는 아빠에게는 힘든 이야기를 거의 하지 않았다. 나는 이런 엄마를 닮았다. 힘든 이야기를 남편에게, 자녀에게, 친정

식구들에게 하지 않았다. 엄마의 이야기를 듣기만 했던 나는 지금도 내 이야기를 거의 하지 않는다. 하지 못한다. 엄마처럼 자녀에게 감정 쓰레기를 버리는 엄마가 되고 싶지 않았다. 외로웠다. 그래서 엄마가 미웠다. 남편이 잘못된 행동을 했을 때 따지거나 화를 내지 못했던 내가 미웠고, 그런 나를 만든 게 엄마였다고 생각해서 엄마가 미웠다. 사랑하는 엄마를 미워해서 죄책감이 들었다. 말을 해야 한다는 걸 알면서도 말하지 못하는, 반복되는 패턴에 허우적거렸다.

'너는 누구를 닮았니?'라는 질문에 얼굴도, 골격도, 성격도 아빠를 닮았다고 바로 대답했다. 엄마를 닮았다고 생각하지 않았다. 나도 모르게 엄마를 닮고 싶지 않아 거부하고 있었다. 내가 힘들 때마다 엄마로 인해 내 성격에 문제가 있는 거라며 원망하는 마음이 있었다.

엄마는 장점이 많다. 손재주가 좋아 눈으로 본 공예는 뚝딱 만들어냈고, 집중력도 좋아 한번 시작한 일은 꼭 마무리를 해야만 하는 성격이다. 운동도 잘하시고, 성격도 사교적이라서 사람들과 잘 어울린다. 리더십도 있어 모임에서 인기가 많다. 요즘 표현으로 '인싸'다. 요리도 맛나게 하고, 창의력과 호기심이 많아 배우는 일에 주저하지 않는다. 엄마는 강하고 당당하며 멋진 여성으로 사셨다. 이 모습의 엄마를 존중하며 존경한다. 그럼에도 엄마가 미울 때가 있다. 참 못났다.

나에게 생명을 주신 부모를 어찌 내가 평가할 수 있을까. 엄마의 삶에서 힘든 일이 있을 때 나에게 위로받기를 원하셨던 엄마, 그 엄마가 밉다. 어릴 적 말하지 못하게 만든 엄마의 행동으로 결혼 생활 중 남편과 대화하지 못하고 속으로 참았던 내가 싫었고 엄마가 미웠다. 순탄하지 못한 결혼 생활이 괴로웠다. 그 마음을 위로받을 수 있는 대상이 없어 외로웠다. 힘들어도 참아내며 슬퍼도 표현하지 않고 행동했던 그때의 모습이 싫다. 외로운 울타리에 스스로를 가두었다. 이 모든 결과를 만들어낸 행동의 책임을 엄마에게 고스란히 돌리고 싶었다.

아빠가 군 복무를 하는 중에 내가 태어났다. 아빠가 없는 집에서 시어머니는 손녀딸인 나를 두고 집에서 나가라고 반복적으로 거의 매일 구박했다. 어느 날 그 말이 참을 수 없을 만큼 서럽고 화가 난 엄마는 나를 남겨두고 친정으로 가버렸다. 엄마가 세상의 전부였던, 두 돌이 막 지난 나를 버리고 갔다. '내면아이'를 만나기 위해 숨을 고르게 쉬었다. 아기였던 나를 만났다. 엄마와 강제로 헤어진, 아장아장 걷던 나는 어두운 방에서 문을 등지고 쪼그리고 앉아 있었다. 울고 싶었지만 울지 못하는 어린아이는 누군가를 기다리고 있었다. 소리도 내지 못하고 슬픈 눈으로 바닥만 응시하며 가끔씩 뒤돌아보면서 누군가 들어오기를 기다렸다. 어린 나를 보고 있는 두 눈에서 눈물이 볼을 타고 내려왔다. 엄마 품이 그리웠던 나, 버려진 기분에 하염없이 기다리던 나, 혼자 남겨지는 두려움을 가졌을 나.

이런 이유로 자녀였던 어린아이는 엄마가 되어서도 자녀가 엄마를 떠나면 평화롭게 살 수 없을 것이라고 말하고 있었다. 그 모습에 마음이 아팠다.

대학생 아들에게 전화를 했다.

"아들, 밥은 먹었어? 날씨가 춥네. 따뜻하게 입고 나가! 요즘 어때? 필요한 거 있어?"

자취하는 대학생 큰아들에게 하는 말이다.

"응. 밥 먹었어. 엄마, 내가 알아서 할게요."

전화기 너머 귀찮다는 듯 말하는 큰아들에게 섭섭한 마음이 든다. 군대를 제대하고 복학한 아들에게 초등학생 대하듯 말하는 나, 날아오는 말에 속상해하는 나.

스무 살이 넘은 아들과 경계를 세우지 못하고 선을 넘고 있다. 엄마에게는 경계를 그어 넘어오지 말라고 통보했는데 아들 관계에서는 계속 움켜쥐고 있다.

자녀가 어른이 된 후 부모와의 관계에서 독립적이지 못하면 힘의 균형에서 균열이 생긴다. 알면서도 자녀를 잡아두려고 한다. 엄마가 나를 잡아둔 것처럼.

충성을 강요한 엄마가 미웠다. 결혼 후 엄마가 되어 자녀에게 충성을 강요하고 있었다.

엄마에게 전화를 했다.

"엄마, 엄마가 저를 걱정해주는 마음은 알아요. 이제부터는 제 생활에 관여하지 않았으면 좋겠어요."

엄마와 거리를 두고 싶었다. 엄마에게 선을 그어 통보했다. 마음 한편에는 죄책감이 들었지만 시간이 지날수록 마음이 홀가분해졌다. 큰딸이라는 무게에서 벗어나는 기분이었다. 엄마와 경계를 만들고 싶었다. 상담 공부를 하면서 엄마로 인한 문제가 아닌, 나의 문제로 인정하기까지 오랜 시간이 걸렸다.

'가족세우기'에서 과거의 엄마에게 허리를 숙이고 말했다.

"엄마, 당신의 문제는 당신께 남겨놓겠습니다. 당신은 어른이고, 스스로를 돌볼 수 있습니다. 저는 그저 어린아이일 뿐입니다." 가슴에서 슬픔이 올라왔다. 단지 어린아이였던 그때 어른의 짐을 고스란히 가지고 왔던 아이는 얼마나 힘들고 벅찼을까.

"엄마는 크시고 나는 작습니다. 엄마는 엄마의 인생을 사세요. 저는 저의 인생을 살겠습니다. 감사합니다." 온전히 나의 삶을 살아가고 싶다. 나의 엄마에게, 엄마인 나에게 치유 문장을 보낸다.

'제가 살아가는 모습을 사랑으로 따뜻하게 지켜봐주세요.'

아직도 어린 나에게서 자유롭지 못하지만, 온전한 나로 살기 위해 작게 일렁이는 바람에도 배우며 오늘을 살아간다.

언니와 나의 여정

- 김지안

내가 언니를 처음 만난 것은 23살 때였다. 언니의 존재를 모르고 살다가 경찰서에서 언니를 처음 만났다. 처음 만난 언니의 모습이 아직도 기억난다. 키는 150㎝에 말투는 어눌해서, "언니가 장애가 있나 봐요?"라고 경찰관이 말했다. 처음에 나는 많이 놀랐다. 나와 전혀 닮지 않은 외모에 '친언니가 맞아?'라는 생각까지 들었다.

언니와 살면서 나는 언니가 너무나 부담스러웠다. 이유를 말하지 않고 악을 쓰며, 소리를 지르고, 물건을 던지며, 고집을 피웠다. 엄마가 키우지 않고 남의 집에 줘서 고생하며 살았다고 엄마를 원망하고 미워했다. 언니와 길을 가면 힐끗힐끗 쳐다보는 사람들의 시선이 싫었고, 언니가 말하면 무시하는 태도를 보이는 사람들이 싫었다. 친언니냐고 물어보는 것도 싫었다. 언니는 결혼 생활하면서 못살겠다고 자주 우리 집에 와서 가지 않았다. 나는 언니가 이

가장 먼저 가족입니다

혼하고 돌아올까 봐, 나에게 또 짐이 될까 봐 두려웠다. 언니가 이혼하겠다고 할 때마다 나는 언니에게 돈을 주며 참고 살라고 했다. 조카들까지 떠안게 될 것 같아 늘 불안했다. "언니가 이혼하면 나는 절대로 받아줄 수 없다"라고 단호하게 말하며 겁을 주었다.

언니의 아들이 군대에 있을 때 형부가 병환으로 돌아가셨다. 형부는 순수하고 좋은 분이었다. 서로 의지하며 오래 함께 살자고 했었다. 형부가 돌아가시자 나는 두렵고 겁이 났다. 언니는 조카들을 데리고 나와 한집에 살겠다고 고집을 부렸다. 경제적으로 도와줄 수는 있지만 절대 함께 살 수는 없다고 못을 박았다. 조카는 학교를 접고 회사에 취직하겠다고 하였다. 사흘을 고민했다. 남편 모르게 천만 원 대출을 받아 조카에게 주었다. 전문대 졸업하여 취업할 때까지 생활비와 학비를 지원하였다. 그 당시 남편은 회사를 그만두게 되었고 이직 준비 중에 있었다. 너무나 고맙게도 조카는 졸업 후 대기업에 취업하였다.

나는 더 욕심이 생겼다. 언니의 딸이 잘되면 언니의 짐을 완전히 벗을 수 있을 것 같았다. 일주일을 고민하였다. 4년간 집에서 공무원 시험 준비하는 언니 딸에게 천만 원을 주며 노량진 가서 공부할 수 있도록 지원하였다. 그때는 남편이 회사를 그만두고 사업을 시작하여 수입이 없는 상태여서 또 남편 모르게 대출을 받았다. 언니의 딸은 2년을 노량진에서 보낸 결과 6년 만에 공무원 시험에 합격하였다. 공무원과 결혼하여 예쁜 가정도 이루었다. 딸이 공무원 되고부터는 언니는 나에게 돈 이야기는 하지 않았다. 그러나 정신적인 부담은 여전히 남아 있다. 언니는 여전히 이틀에 한 번꼴로 전화를 한다. 언니는 전화를 받지 않으면 받을 때까지 한다.

"동네 아주머니가 나를 업신여긴다."

"시동생, 동서가 나를 무시한다. 아들이 나를 구박한다."

"딸이 나를 무시하니까 사위도 나를 무시한다."

"한글 모른다고 나를 바보라고 한다."

"너는 남편이 있으니 좋겠다."

"너는 자식이 잘나서 좋겠다."

"너는 많이 배워서 내 설움 모른다."

늘 똑같은 내용의 하소연이다.

나는 기분 상태에 따라 받아들일 수 있는 스트레스 강도가 다르다. 언니를 통해서 자책도 많이 하게 된다. 내가 잘되면 '언니를 편안하게 살게 해줘야겠다' 하는 다짐도 했다가 이제는 자식들이 잘되었으니 조카들이 언니를 잘 돌볼 수 있도록 '언니에게서 손을 떼야겠다'라는 다짐도 한다. 내가 언니의 가정에 너무 침범한 것은 아닌가 하는 생각도 든다.

지난 주말 엄마 제사라 언니와 여행을 갔다. 조금만 걸어도 숨이 차서 힘들어하는 모습에 마음이 아팠고 미안한 마음이 들었다. 나는 언니와 함께 다니는 것을 좋아하지 않는다. 의무적으로 영화는 보러 다녔으나 여행은 지금까지 몇 번 되지 않는다. 언니는 나와 다니는 것을 좋아하는데 나는 핑계를 대며 요리조리 피했다. 내가 언니에게 할 수 있는 것은 경제적 도움, 언니의 전화 상대, 이야기를 들어주는 것이고 그것이 내가 할 수 있는 최선이라고 생각했다. 언니가 아버지에 대해 궁금해할 때 나는 무시했다. 언니는 아버지를 그리워했다. 나는 살면서 아버지에 대해 생각을 해본 적이 없다. 첫돌 지나 돌아가셨기 때문에 궁금하거나 알고 싶지 않았다. 하루하루 살아가기도 벅찼다.

나는 친정이 든든한 사람들이 부러웠다. 속상하거나 어려움에 처했을 때 나를 위해 나서줄 수 있는 사람이 절실히 필요했다. 의논할 상대가 없었다. 결정해야 하는 상황에 놓이면 혼자 고민하고 결정해야 할 일들이 많아서 늘 외로웠다. 그래서 나는 언니에게 든든한 울타리를 만들어줄 수 있는 친정이 되어주고 싶었다. 언니는 학교도 다니지 못하고 가정부처럼 일만 하다가 나와 살게 되었다. 24살까지 언니가 어떻게 살았는지 잘 모른다. 사람들에게 무시당하며 살았을 거라고 짐작만 할 뿐이다.

언니의 자식도 잘되었고 이제 좀 사람답게 살 만하게 되었는데 이렇게 병원 침대에 누워 있는 언니를 보니 억울하고, 속상하고, 화가 올라온다. 당뇨 합병증으로 후유증이 심할 것이라고 의사가 말했다. 언니의 노후에 도움이 되고자 돈을 따로 모으고 있었는데 그 돈을 병원비로 써야 하는 현실이 서글프다.

이번에 언니 병원을 다녀오면서 지난번 '가족세우기'에서 아버지를 잠깐 다루었던 장면이 떠올랐다. 그렇다. 나는 아버지에 대해 아는 것이 없다. 대리인을 통해 아버지 뒤에 할머니, 증조할머니가 어깨에 손을 얹고 서 있다.

"네가 윤화구나. 네가 지안이구나. 보고 싶었다."

"둘 다 가정을 이루었다지?"

"너희들 잘되기를 먼 곳에서 늘 기원했단다"라는 아버지 대리인의 말에 나는 아무런 감정을 느끼지 못했다. 아무 말도 하지 않았다. 언니의 대리인은 아버지를 바라보며 눈물을 흘리며 보고 싶었다고 말했다. '조상님들이 정말 어딘가에서 우리를 위해 격려와 지지를 하고 있는 걸까?' 하는 생각에 아버지 대리인의 표정을 유난히 살폈다. 처음에는 감정을 느끼지 못했지만, 가슴이 시원하게 뻥 트이는 것 같이 바람이 지나가는 느낌이 들었다. 교수님께서는 "우리는 모두 조상님들과 실타래처럼 연결되어 있고 언제나 늘 보살핌을 받고 있다"라고 하셨다.

지난날 나의 과거는 슬펐고, 부끄러웠고, 꺼내고 싶지 않은 것들이었다. 원망스러웠고, 과거에서 벗어나기 위해 몸부림쳤던 것들뿐이었다. 그랬던 내가 '가족세우기'를 통해 계속 성장하고 싶어 하는 나를 보게 되었다. '가족세우기'를 통해 기억 속에 없던 아버지의 자리가 생겼고, 그 아버지가 언니와 내가 잘되기를 기원하고 있다고 믿기로 했다. 언니의 건강도 회복될 것으로 믿기로 했다.

날개 꺾인 새

- 박도경

'가족세우기'에 참가한 사람들이 세우기 장을 통해 눈물을 흘리며 의식의 정화를 체험하는 경우는 흔하다. 언젠가 '가족세우기'에 참여했을 때였다. 그날도 부모세우기 장이 펼쳐졌고 눈물을 흘리는 참가자들이 있었다. 무슨 사연이길래 저렇게 눈물을 흘릴까. 나도 몇 번의 '가족세우기' 장에서 부모님을 만났는데 눈물은 나지 않았다. 돌아가신 분들을 생각하며 눈물을 흘리는 것이 나는 왠지 불편했다.

내면아이 작업에 참여해서도 마찬가지였다. 내면아이란 현재 성인이 된 내가 치유되지 못한 어린 시절 상처받은 그 지점으로 돌아가 거기에 머물러 있는 자신의 내면아이를 만나 결핍을 채워주는 치유 작업이다.

그러다 가만히 부모님 생전의 기억을 떠올리며 부모님에게 원하고 바라는 점이 무엇이었던가 생각해보았다.

'난 왜 비판적 사고 없이 그저 순응하고 양보만 하며 살아온 걸까. 내가 좀 더 적극적으로 원하는 걸 찾고, 하고 싶은 것을 이루며 살았더라면 지금의 나는 어땠을까?'

엄마는 입버릇처럼 말했었다. "너희 아버지는 법 없이도 살 사람이다"라고.

아버지가 삶을 좀 더 진취적이고 당당하게 살았더라면 나도 그 유산을 받아 더 적극적이고 당당하게 하고 싶은 것을 성취하며 살지 않았을까.

얼마 전 한창 바쁜 시기에 '가족세우기'에 참여를 권하는 지인의 문자를 받았다. 참여 의사를 전달하자 메일을 통해 사전 설문지를 보내왔다. 그리고 정신 없이 며칠이 지났다.

'아참, 사전 설문지가 있었지, 그걸 어디에 두었더라?'

갑자기 끝까지 미뤄두었던 설문지가 생각났다. 시간은 저녁 열 시를 넘기고 있었다. 천안까지는 자동차로 두 시간 거리다. 내일 아침 일찍 일어나 세우기 장에 가야 했다. 노트북 화면 한쪽에 받아놓은 설문지가 보였다. 졸린 눈을 비비며 문항을 채워나갔다. 어머니 다음으로 아버지에 관해 묻는 문항이 이어졌다.

'아버지에 대한 느낌은?' 엄마보다는 함께했던 시간이 적어서였는지 그다지 특별한 느낌은 없었다. '아버지를 떠올리면 느껴지는 신체 증상은?' '없음' 하고는 서둘러 메일을 보내고 이불 속으로 들어가 잠을 청했다. 자리에 누웠는데 하나둘 옛 기억들이 새록새록 떠오르기 시작했다.

결혼하고 큰아이를 낳은 직후였다. 당시 엄마를 먼저 떠나보내시고 큰오빠의 만류에도 불구하고 한동안 시골에 홀로 계셨던 아버지를 찾아뵈러 가곤 했었다. 시골집을 찾은 막내딸에게 아버지는 살아오신 당신의 과거 이야기를 종종 해주었다.

어린 시절 일제강점기에 만주로 떠난 할아버지가 오랫동안 돌아오지 않으셔서 할아버지 없이 할머니와 고모랑 청소년 시절을 보냈던 이야기, 노래를 잘하시던 아버지를 성공시키겠다며 누군가 서울로 데려가려 했던 이야기, 엄마와 갓 결혼한 스무 살 청년 무렵 군에 징집되어 일본에서 운전병을 하시던 이야기, 6·25 사변이 일어나고 도랑물이 피로 뻘겋게 물들어 흘렀다던 이야기 등….

큰아이의 사춘기를 계기로 가족상담을 배우고 있을 때의 일도 떠올랐다. 교수님께서 선조 때부터 가족이 겪었던 큰 사건들을 연대기로 작성해 오라고 하셨다. 부모님은 돌아가시고 없어서 큰언니를 찾아갔다. 큰언니는 오래전 가족 이야기를 이것저것 들려주었다. 그때는 다들 가난하던 시절이었다고 했다. 3남 4녀로 식구 많은 우리 집은 먹을 것이 더 필요했다고 하면서 춘궁기에 밥보다 나물이 많은 나물밥을 먹은 이야기를 들려주었다. 내가 태어나고 얼마 지나지 않아 할머니께서 증조할머니와 함께 여행을 다녀오신 후 병을 얻어 돌아가셨다는 이야기도 해주었다. 그 후에도 나는 할머니 할아버지가 어떤 분이셨는지 궁금해서 기회 있을 때마다 큰언니에게 물었다. 언니는 늘 비슷한 이야기를 했고, 나는 좀 더 자세히 이야기해달라고 졸랐다. 할머니는 동네가 다 아는 인자한 분이셨고, 할아버지는 한량 같은 분이셨다고 했다. 할아버지 방에 있는 함에는 흰 종이와 펜이 들어 있었는데 큰언니는 어떻게 하면 그

매끈한 종이 한 장을 얻을까 궁리했었다고 한다. 그리고 이어지는 이야기는 언젠가 들려주었던 대로, 노름에 손을 댄 할아버지와 그로 인해 경제적 어려움을 겪어야 했던 가족 이야기였다. 그날도 그렇게 이야기가 끝나는 줄 알았다. 그런데 그날은 언니가 말을 이었다. 돌아가신 할머니를 따라 석 달 후 할아버지가 돌아가셨다고 했다. 당시 십 대 초반이었던 큰언니는 그 장면을 이야기하며 마치 그때로 돌아간 듯 놀라워했다. 처음 듣는 이야기였다.

생전에 엄마는 친정엄마보다 할머니가 더 좋다고 했다. 오순도순 살고 있는 고향집에 오랜만에 먼 길을 돌아 귀향하신 할아버지의 심정은 어땠을까? 할아버지를 보는 아버지의 마음은 또 어땠을까? 할아버지나 아버지나 오랜 세월의 간극을 쉽게 메울 수는 없었을 것이다. 할아버지는 고향 마을을 전쟁 이전의 평화로운 모습으로 상상했을 수 있고, 눈 앞에 펼쳐진 어려운 현실을 받아들이기 힘들었을 수도 있다. 시간이 흘러 노름에 손을 댄 할아버지는 그 화를 아버지에게 풀었고, 아버지는 그런 할아버지의 화풀이를 대꾸 한마디 없이 듣고만 있었다고 엄마는 말했다.

만주에서 돌아오신 할아버지는 그렇게 할머니를 따라 스스로 생을 마감하셨다. 아버지는 할아버지를 보내드리지 못했을 것이다. 갑작스러운 그 죽음을 받아들이기 힘들었을 것이다. 남은 생을 불효자로, 죄인으로 숨죽여 사셨을 것이다. 날개가 꺾인 채로.

"너희 엄마를 따라가고 싶지만 자식을 불효자로 안 만들란다." 아버지는 거의 울먹이듯 말씀하셨다. 그래, 지금 생각하니 '울먹이듯'이란 단어가 꼭 들어맞는다. 아버지는 왜 저런 말씀을 하실까?

엄마가 돌아가시고 혼자 되셨을 때도, 큰오빠 집에서 내려와 홀로 계실 때에도 술을 한잔 드시고 하셨던 저 말이 무엇을 의미하는지 나는 전혀 몰랐다.

알면 얽힘은 풀린다.
그리운 엄마 아버지께 못다 한 말, 치유 문장으로 대신한다.
"있는 그대로, 있었던 그대로 사랑합니다. 감사합니다."
"아버지는 주시고 저는 받습니다."
"아버지는 크시고 저는 작습니다."
"아버지의 꺾인 날개 저희가 펼쳐가겠습니다."
다음 날 부모세우기 장에서 뜨거운 눈물이 흘러내렸다.

"아아, 으악새 슬피 우니 가을인가요. 지나친 그 세월이 나를 울립니다. 여울에 아롱젖은 이지러진 조각달 강물도 출렁출렁 목이 멥니다."
생전에 자주 부르시던 아버지의 노랫소리가 어디선가 아련히 들리는 듯하다.

안 돼, 가지 마!
내가 죽을 때까지 옆에서 지켜줘야 해

- 박서정

1985년 음력 5월 8일, 열아홉 살 어느 새벽 6시. 모두 자고 있을 거라고 믿고 살금살금 집으로 들어갔다. 어제 중학교 친구 집에서 자고 오겠다고 말씀드렸지만, 혹시나 꾸중 들을까 봐 걱정스러웠다. 당시 우리 집은 2층이었다. 계단에 오르려고 1층 모퉁이를 돌아선 순간 계단 앞 시멘트 바닥 위에 둥근 쟁반이 놓여 있었다. 그런데 그 쟁반에 아빠 구두 한 켤레와 물이 담긴 국대접이 있었다.

'왜 아빠 신발을 쟁반에 두었지?' 처음 보는 광경에 순간 기분이 이상했다. 소리 없이 계단을 올라갔다. 다행히 현관문은 열려 있었다. 현관에 놓인 신발은 평소와 차이가 없었다. 안방 문이 열려 있어 살펴보니 아버지는 주무시고 계셨고 그 옆에 작은오빠가 우두커니 앉아 있었다. 엄마의 모습은 어디에도 보이지 않아 엄마가 어디에 계시는지 물었다. 오빠는 아버지가 어젯밤 주무시다가 갑자기 돌아가셨고, 엄마는 당황해서 큰아버지 댁으로 가셨다고 작은

소리로 허공을 바라보고 이야기했다. 도대체 무슨 말인지 이해할 수 없다고 말했다. 아버지가 덮고 있는 이불을 살며시 들고 아버지 손을 만져보았다. 미지근한 손이었지만 얼굴은 여느 때와 다름없어 보였다. 그렇게 나의 아버지는 갑자기 돌아가셨다.

아버지의 장례를 치르기 위해 큰아버지가 오셨다. 그러고는 나에게 하시는 말씀이, 딸년이라고 하나 있는 게 아버지가 돌아가셨는데 눈물도 흘리지 않는다며 못마땅하다는 듯 혀를 끌끌 찼다. 어느새 우리 집 마당에는 문상하러 온 손님들이 앉아서 술과 음식을 먹고 있었고, 동네 아주머니들이 음식을 준비하느라 집이 어수선했다. 그 시절 장례식은 대부분 집에서 치러졌다. 아버지의 장례식이 나에게는 마치 꿈꾸듯 빠르게 스쳐 지나갔다. 발인 후 하관하는 날, 입대했던 큰오빠가 뒤늦게 달려왔다. 엄마는 큰오빠와 부둥켜안고 대성통곡을 하였고, 나는 그제야 아버지가 돌아가신 걸 어렴풋이 알게 되었다.

지난봄 가족세우기 장에서 무의식의 불안을 탐색하던 중, 나에게는 죽음에 대한 두려움이 있다는 것을 알게 되었다. 돌아가신 아버지에 대한 애도를 위해 가족세우기 장이 펼쳐졌다. 난 다시 의뢰인 자리에 앉았다. 내 왼쪽에 앉아 계신 촉진자인 교수님은 의자를 가져오라고 했다. 나는 주변에 계신 한 분을 돌아가신 아버지 대리인으로 선택했고, 그분을 의자에 앉혔다. 의자에 앉는 행위는 그분이 돌아가셨다는 것을 의미한다. 그런 뒤 나를 대신할 대리인을 세우고 서로 마주 보게 했다. 1분여 지났을까? 나의 대리인은 갑자기 아버지에게 다가가더니 무릎 위에 앉아서 목을 끌어안고 너무 좋아했다. 주변의 참관인들은 그 광경에 당황스러운 듯했지만 좋아 보이기도 했는지 웃고 있었다. 하지만 난 온몸에 전율이 느껴지고 코끝이 찡해지며 눈물이 흘렀다. 내가 했던 행동, 지금도 하고 싶은 행동을 대리인이 그대로 하고 있었기 때문이다. 미칠 것 같았다.

내가 고등학생이었던가? 나는 그때도 아빠 무릎에 올라앉아서 아이처럼 안겨 있었다. 그 모습을 보던 엄마는 항상 못마땅한 표정으로 눈을 흘기곤 하셨다. 흘러나오는 눈물은 흐느낌이 되었다. 앉아 있는 대리인은 애타게 보고 싶은 아버지의 모습 그대로였다. 외모는 달랐지만, 눈빛이나 몸짓이 아버지랑 똑같았다. 교수님은 "그렇게 좋아하는 아버지였네요. 아직도 아버지를 보내드리지 못하고 가슴에 품고 있네요"라고 하시며 나에게 장으로 들어가 딸의 자리에 서라고 말씀하셨다. 나는 눈물을 닦으며 장으로 들어가서 앉아 있는 대리인을 마주 보고 섰다. 교수님은 "그리운 아버지세요. 아버지의 눈을 보세요"라고 하셨다. 나는 앉아 있는 대리인을 바라봤다. 한참을 바라보니 평소 내가 그렇게 보고 싶어 했던 우리 아빠의 눈빛과 모습이 보였다. 너무나 반갑고 기뻐서 엉엉 울면서 입가에 웃음이 번졌다. 나도 다가가서 안기고 싶었다. 내 마음을 눈치챈 듯, "얼마나 보고 싶었을까요"라며 "가서 안겨보세요"라고 하셨다. 나는 아버지에게 다가가서 안겼다. 참았던 설움이 북받쳤다. 그토록 내가 보고 싶었던, 간절히 찾았던 아버지 품에 내가 안겨 있었다. 나는 아버지의 얼굴도 만져보고 눈도 쳐다보고 기쁘고 좋아서 울다가 웃었다.

한 5분이 지났을까? 교수님께서 다시 아버지 앞에 서서 아버지를 바라보라고 하셨다. 그런데 이상했다. 이번에는 아버지에 대한 미운 마음이 슬며시 올라왔다. 그동안 고생했던 모든 일이 다 아버지 때문이라는 생각이 들었다. 내 허락도 안 받고 갑자기 돌아가셔서 원망스러웠다. '아빠가 살아 있었으면 난 하고 싶은 거 다 하면서 행복하게 지냈을 텐데. 아버지를 대신할 남편을 만나 일찍 시집가서 고생하지 않아도 됐는데.' 마음속에서 어느새 화가 올라오고 있었다. 그때 교수님은 아버지 대리인에게 어떠냐고 물어보셨다. "갑자기 딸이 화가 나 저를 째려보는 것처럼 보여서 무서워요. 여기 있는 게 불편해요." 아버지 대리인의 대답이 끝나고 난 뒤 나에게도 어떤 마음이 올라오는지 물어보셨다. "아빠를 안 보내고 싶어요. 아빠는 내가 죽을 때까지, 내 옆에서 나를 보살펴주고 지켜줘야 해"라고 단호한 목소리로 말했다. '아빠가 빨리 돌아가셔서 내가 이렇게 고생하고 살고 있잖아.' 속으로 원망하며 울부짖었다. "아버지의 운명이에요. 아버지의 운명을 존중하고 받아들여야 해요." 교수님이 말씀하셨다. "따라 하세요. 아버지, 저를 사랑으로 키워주셔서 감사합니다. 아버지의 운명을 존중하고 받아들입니다." 나는 울먹이면서 간신히 따라 했다. 흘러내리는 눈물로 앞이 제대로 보이질 않았다. 아버지의 죽음을 받아들이는 것이 너무 힘들어 몸이 떨렸다. "큰절 두 번 하고 아버지를 보내드려야 된다" 하셨다. 나는 큰절을 두 번 올리고 그 자리에 주저앉았다. 지금까지 아버지의 죽음을 인정하지 않고 억압했던 슬픈 감정 덩어리들이 울컥울컥 눈물로 솟구쳤다. 30년 동안 꾹 눌러왔던 감정이었다. 그렇게 대성통곡을 하고 어느 정도 안정된 후에야 일어날 수 있었다. 지금까지 살면서 인정하고 싶지 않았던 아버지의 죽음을 오늘에야 비로소 가족세우기를 통해 받아들이고 애도했다. 한 달 후 아버지의 기제사라고 교수님께 말씀드렸더니, 교수님은 평소보다 더욱 정성껏 준비하라고 말해주셨다.

저녁에 집으로 돌아와 남편에게 30년 만에 '가족세우기'를 통한 아버지의 애도 과정에 대해 자세히 이야기해주었다. 남편은 말없이 듣고 있었다. 애도는 쉽지 않았다. 아버지의 죽음을 인정해야 한다는 것은 잘 알고 있지만, 현실에서 아버지를 잊고 온전하게 나로 돌아오는 것이 힘들었다. 아버지에 대한 '가족세우기' 애도 이후, 상담 수련을 지속하면서 아버지와 이별하기까지 2년이 걸렸다. 그러면서 서서히 남편과의 관계에도 변화가 시작되었다. 예전에는 남편의 모습에서 아버지를 찾으려 애썼는데, 지금은 있는 그대로 남편의 모습을 바라본다. 그리고 고인의 죽음을 있는 그대로 존중하는 것이 남아 있는 삶에 많은 영향을 끼칠 수 있다는 것도 알게 되었다. 가끔 아버지가 보고 싶을 때마다 마음속으로 중얼거려본다.

아버지, 사랑하는 아버지.

당신은 크시고 저는 작습니다.

당신은 주시고 저는 받습니다.

당신의 크신 사랑을 온전히 받았습니다.

저는 아버지를 원망했던 것, 원망하는 것을 모두 놓았습니다.

이제 저는 당신의 운명을 받아들입니다.

이제 당신은 저에게서 자유롭습니다.

이제 저는 더 이상 관여하지 않습니다.

이제 저는 아버지의 운명에서 물러섭니다.
감사합니다.

보이는 것이 전부가 아니다

- 박진현

'가족세우기' 전문가 과정 첫날이다. 아는 사람도 없이 1년 동안 해야 하는 과정을 뭐에 홀린 듯 접수하였다. 그곳에 모인 선생님들의 자기소개를 들어보니 '가족세우기'에 대한 경험이 많은 분들이었다. 나는 몇 번의 경험만으로 그 과정에 있다는 것이 위축되기도 했지만 열심히 해야겠다는 각오도 생겼다.

"자, 누구부터 할까요?"

교수님이 웃으시며 둥그렇게 모여 앉아 있는 선생님들을 바라보았다. '가족세우기'가 진행되는 동안 순서대로 대리인을 하기도 하고 관찰자로 세우기 장을 바라보기도 했다. 장은 매우 진지하고 힘 있게 진행되었고, 장에 서지 않고 관찰자로 앉아 있는 것만으로도 장의 힘이 그대로 느껴졌다. 마치 그 사람의 삶을 같이 경험하는 것처럼 몸과 마음이 함께 울고 웃었다. 신기한 경험이었다.

의뢰인으로 내 차례가 왔다. 현재 가족인 남편과 아이들을 보고 싶다고 했다.

"가족의 수가 아빠, 엄마, 자녀 세 명까지 다섯 명. 대리인으로 다섯 명 나오세요."

의뢰인은 판단하지 않고 장에서 보이는 그대로 받아들이는 마음이 중요하다고 한다. 그것은 꽤나 용기가 필요하고, 담대한 마음이 필요하다. 나는 눈을 감고 심호흡을 크게 세 번 하고 나의 '가족세우기' 장을 바라보았다.

우리 가족은 아이가 셋이다. 어릴 때부터 유난히 예민하고 감정이 기복이 심한 첫째 아들과 그런 오빠 밑에서 자기 일을 똑 부러지게 잘하고 다른 사람을 잘 돕는 둘째 딸과 마냥 낙천적이고 귀여운 막내아들이 있다. 일로 바쁜 남편 때문에 세 명의 자녀를 돌보고 키우는 것은 전부 내 몫이었다. 아이들이 성장하면서 아이들을 돌보는 것이 점점 힘에 부치고 있었다.

장에 서 있는 대리인들의 움직임을 보니 나는 제자리에 서서 아이들을 바라보고 있고 남편은 벽에 걸린 시계만 보고 있었다. 가족들도 보라는 교수님의 말에 남편은 다들 잘 지내고 있는 것 같다며 자신은 벽에 걸린 시계만 보인다고 하였다. 나는 가족 가운데 버티고 서 있지만 힘이 없다고 하였다. 장은 내가 생각해왔던 남편과 나의 모습을 그대로 보여주었다. 남편은 늘 일에 치여 바쁘게 살아가고 있고 나는 아빠의 빈자리를 메꾸려고 아이들에게 온 정신을 쏟고 있었지만 점점 힘이 들었다.

그러나 장에서 대리인들이 보여준 아이들의 모습은 의외였다.

아빠만을 바라보던 첫째 아들은 자신을 봐주지 않는 것이 슬프다며 아빠가 시계를 보면 볼수록 오른쪽 어깨가 힘이 빠져 주저앉을 듯 힘들어했다.

"나를 봐줘요. 아빠. 나를 좀 봐줘요."

아들의 간청에도 남편은 시계만 보고 싶다고 했고 그런 남편을 보는 나의 마음은 안 좋다고 했다. 갑자기 막내아들이 이상 행동을 하기 시작했다. 가만히 있지 못하고 엄마와 아빠 사이에 자기가 있어야 한다고 하였다. 몸을 흔들고 정신없이 까불었다. 둘째 딸은 그런 막내의 손을 붙잡고 오빠와 동생 사이에서 눈치를 보고 있었다. 딸은 자기가 동생을 잘 봐야 한다며 정작 자신은 갈 곳이 없다고 하였다. 동생을 붙들고 있어야 엄마 아빠가 자신을 봐줄 것 같다고 하였다. 오빠도 계속 신경 쓰인다며 힘겨워 보였다.

나는 장에서 대리인을 통해 보이는 아이들의 역동이 받아들여지지 않았다.

"제가 생각한 모습들이 아니에요…. 첫째 아들은 평소에 아빠 곁에 가지 않았고 저의 옆에만 있어요. 저랑 밀착 관계라고 생각했는데… 막내는 아주 밝고 집안에서 분위기 메이커로 애교도 많고 즐겁게 지내는데요?"

"장을 그대로 받아들이세요. 자신이 생각했던 모습이 아니더라도 무엇을 의미하는지 생각해보세요. 우리가 알고 있는 것이 다가 아닐 수 있습니다. 장은 가족의 무의식적인 역동을 보여주고 있어요."

교수님은 지금 이해가 되지 않아도 장에서 본 장면을 기억하라고 하셨다. 어떤 판단도 하지 말고 그냥 다음에 만날 때까지 장에서 본 장면을 떠올려보라고 하셨다. 나의 장이 끝나고 점심시간이 되었다. 그러나 나는 속이 울렁거리고 진정이 되지 않아 밥을 거의 먹질 못했다. 놀란 눈으로 멍하니 앉아 있는 나에게 선생님들이 따뜻한 말을 한마디씩 해주었다.

"고생했어요. 원래 자기 장을 본 후에는 놀라고 힘들어요. 나도 그랬어."

"난 한두 번도 아니야. 몇 번을 대성통곡해도 세우면 또 울게 돼."

오후 시간이 어떻게 흘러갔는지 모르겠다. '가족세우기'에 참여하고 있었지만 내 머리는 붕 떠 있었다. 교수님의 말처럼 장에서 본 장면을 잊지 않으려고 노력하며 집으로 왔다. 장면이 떠오를 때마다 한편으로는 '그거 이상한데? 그거 아닌데?' 하는 생각이 자동으로 일었다. 그럴 때마다 판단하지 말라는 말에 따라 생각을 멈추고 장에서 본 장면과 느꼈던 감각을 잊지 않으려고 노력했다.

일주일이 지난 시점에 나는 고개를 끄덕였다. 남편이 시계만을 바라봤던 것은 가정보다는 일 중심으로 살고 있다는 것이었다. 우리는 일을 열심히 하는 것이 좋은 것이라 생각했다. 그러나 그것은 일에 빠져 자신의 가치를 인정받기 위한 몸부림이었다. 그러니 남편의 마음에 가족이 있을 리 만무했다. 가족보다 늘 일을 우선시하는 모습을 보며 내 마음은 서운하고 화도 났다. 하지만 일을 열심히 하는 것이 가족을 위하는 것이라고 생각해서 나 혼자 속으로 불편한 마음을 삭이고 있었다.

첫째 아들이 나에게 치대고 힘들게 했던 것과 달리 장에서는 아빠만을 바라보던 모습을 보고 아들을 살펴보았다. 나에게 붙어 있지만 아들은 끊임없이 아빠 눈치를 보며 아빠 말에 민감하게 반응하는 것이 보였다. 일 생각으로 가득 찬 아빠는 그런 아들의 마음을 알 턱이 없었다. 칭찬받고 싶어 하는 마음은 모른 채 잘못할 때만 지적하는 아빠와 그럴 때마다 기죽는 아들의 모습이 보이기 시작했다.

또한 막내아들의 귀여웠던 행동들이 엄마 아빠 관계에 대한 불안이었다는 것을 알게 되었다. 가족이 다 같이 모일 때 막내는 유난히 많이 먹고, 과장되게 웃고, 춤을 추는 등 애교를 부렸다. 그렇게 해야 엄마 아빠가 함께 웃는다는 것을 무의식에 알았던 게다. 무리해서 흥을 돋우고 있다는 것을 알아차린 후부터는 아이가 그럴 때마다 마음을 읽어 주고 꼭 안아주게 되었다. 자신은 알지도 못하고 애를 썼으니 얼마나 힘이 들었을까. 더욱이 그것이 부모 관계를 엮어주려는 사랑의 마음이기에 더 안쓰러웠다.

자기 일을 똑 부러지게 하고 언제나 엄마를 도왔던 착한 둘째 딸이 장에서 갈 곳이 없다고 말한 것이 계속 맘에 걸렸다. 유난스러운 오빠와 그로 인해 힘들어하는 엄마 사이에서 자신은 속 썩이지 말아야지 하며 노력하고, 어린 막내를 잘 돌봐주어야 엄마에게 칭찬받는다고 생각한 딸의 마음을 생각하니 안타깝고 미안했다.

그동안 내가 알던 가족의 모습은 나의 입장에서 바라본 것이었다. '가족세우기' 장은 내가 알고 있던 가족 그 이면에 흐르고 있던 역동을 보여주었다. 의식하지 않고는 볼 수 없었던 가족의 역동을 보게 되면서 나는 우리 가족을 온전히 이해할 수 있게 되었다.

사랑의 질서

- 서순자

비가 부슬부슬 내리고 을씨년스럽다.

"저기요, 여기 온 지 한 15년 정도 됐고요, 이름은 서수자입니다. 어디에 있는지 알 수 있을까요?"

"자녀 이름이 어떻게 되나요?"

"조민수입니다."

"네. 105동 524호입니다. 나가셔서 왼쪽으로 가시면 보이는 건물입니다."

공원묘지 사무실 직원이 일러준 주소를 들고 찾아갔다. 문에 걸려 있는 사진이 너무 낯설었다. 잘못 왔나 싶어 주위를 두리번거리고 번지수를 다시 확인해보았다. 주소와 입주 날짜를 확인하니 거의 시기가 맞았다. 사진을 다시 찬찬히 들여다보았다. 사진을 들여다보고 있으니 그냥 눈물이 흘렀다. 사진 아래쪽 '엄마 사랑해'라는 글씨를 보니 떨림이 왔다. 글자를 써놓은 주인공이 언니의 늦둥이 민수라는 것을 금방 알 수 있었다. 사진 속에 곱디고운 얼굴은 나를 먼저 알아보았나 보다. 내가 못 알아보고 두리번거리는 모양새를 보며 미소 짓고 있었다.

'언니가 저렇게 젊었을 때 이곳에 왔구나!'

언니의 늦둥이 민수가 우리 집으로 왔다. 중학교 3학년 2학기 때다.

"내가 도저히 힘들어서 못 키우겠다. 애를 감당할 수가 없다."

"언니가 어릴 때부터 해달라는 건 무조건 다 해주니까 그렇지!"

"학교에서 오라 해서 담임을 만났는데, 저러다가 고등학교도 못 갈까 싶다. 어쩌면 좋으니…."

민수는 애들이랑 몰려다니느라 엄마인 언니의 말은 들은 척도 안 한다고 말했다. 민수는 일진이 시키는 대로 움직이는 것 같다고 했다. 전학이라도 시켜야 고등학교에 제대로 갈 수 있겠다고 걱정했다.

본인 의사가 필요한 것 같아 민수에게 물어보니 "네" 하고, 생각보다 쉽게 대답이 나왔다. 언니 말대로 자기도 그런 상황에서 벗어나고 싶었는데 방법이 없었나 싶어 짠한 마음이 들었다.

그렇게 시작된 조카 민수와 함께 사는 생활은 서로 양보할 게 많았다. 민수는 엄마, 아빠로부터 무한대 사랑을 받았다. 가지고 싶은 것은 집안 형편도 아랑곳하지 않고 다 제공받으며 살았다. 최신 핸드폰과 노트북까지, 그 당시 우리 아이들에게는 어림도 없는 일이었다. 고등학교를 졸업한 후에야 선택권이 주어지는 것들이었다. 민수는 우리 집에 온 이후 그런 것들을 모두 반납해야 했다. 우리 아이들에게는 익숙한 것들이었지만 민수에게는 모든 것이 버거웠을 것이다. 그래도 형들 따라 잘 적응해가는 듯했다. 고등학교 2학년까지 잘 지내왔다고 생각했다.

고등학교 3학년 올라가면서 반항하기 시작했다. 지난 학기까지 제법 잘 적응해서 방학 때 청소년 캠프를 보내주었더니 거기서 여자친구를 사귀었다. 여자친구와 연락도 하고 만나야 하는데 이모 집에서는 도무지 틈이 없었다.

어느 날 언니가 민수를 보기 위해 우리 집에 들렀다.

"엄마는 왜 이모가 시키는 대로만 해?"

민수가 엄마인 언니에게 볼멘소리로 말했다. 언니는 민망했는지 민수를 데리고 밖으로 나갔다. 1시간이 흘렀을까, 언니에게 전화가 왔다.

"애! 나 여기가 어딘지 모르겠다. 민수가 나랑 말다툼하다가 사라졌어."

머리가 복잡해졌다. 나가서 언니를 데리고 들어왔다. 자정이 훨씬 지나서야 민수는 집에 들어왔다.

'가족세우기' 장을 찾았다. 박이호 선생님이 말씀하신다.

"허허, 이모는 엄마가 아닙니다. 사랑한다는 말로 엄마에게서 뺏어 오지 마세요."

"그게 아니고요, 저도 힘든데 언니가 하도 힘들어하고 사정해서 아이를 위해서 데려온 건데요."

"선생님이 더 잘 키울 수 있다고 생각하십니까? 잘 키운다는 게 어떤 건데요?"

"글쎄요…."

나는 생각이 많아졌다. '가족세우기' 장에 참여한 이후, 나는 바로 민수에게 우리 집 가까이에 방을 얻어주었다. 민수는 독립한 순간부터 이모의 눈치를 볼 필요 없이 자유의 날개를 달았다. 언니는 더 이상 나에게 부탁한다는 말도 못 하고 속앓이만 했다. 그냥 고등학교 3학년 일 년 동안만 옆에서 살펴달라는 정도였다. 그러나 우리 집에서 나간 민수가 내 말을 따를 리가 없었다. 민수가 살고 있는 방 벽은 성인 잡지에 나온 여자 사진들로 가득 차 있다며 언니가 한숨을 쉬며 내게 전했다.

2010년 7월 어느 날, 민수가 독립하고 4개월쯤 되었나 보다. 언니가 중환자실에 있다는 연락을 받았다. 멍해졌다. 단숨에 달려갔다. 언니는 눈도 못 뜨고 있었다. 손을 잡고 얼굴을 비벼도 반응이 없다. 언니의 눈가에 눈물이 맺혀 흘렀다. 감정은 남아 있었나 보다.

언니는 감기가 잘 낫지 않아 종합병원에 검사하러 갔단다. 검사받기 위해 옷을 갈아입다가 갑자기 쓰러져서 중환자실로 왔다고 했다. 중환자실에서 언니를 만나고 집에 돌아오자마자 사망 소식이 날아왔다. 나는 언니가 있는 장례식장에 도저히 갈 수가 없었다. 알 수 없는 화가 머리끝까지 치밀어 올랐다. 남편이 아무리 같이 가자고 해도 가지 않았고 남편만 보냈다.

장례 마지막 날, 갑자기 찾아간 나는 민수 **뺨**을 때렸다. 엄마를 졸지에 잃은, 가장 큰 슬픔을 안고 있는 상주를 말이다. 안아주고 달래주어도 힘들 아이를 말이다. 그 당시 나는 거의 미쳐 있었다. 내가 저지른 그 사건은 나를 평생 암흑으로 끌고 다녔다.

검사하러 갔다가 갑자기 죽은 언니가 억울해서 구천을 떠돌까 봐 언니의 영혼을 달래는 천도제를 해야 한다고 주변에서 권유를 하였다. 성당에 다니는 내게는 직접 말을 못 하고 집안 어른들 간에 주고받는 내용이었다. 장례식장에서 난리 피우는 내 모습을 본 식구들은 더욱 말을 아꼈다. 작은오빠가 나에게 천도제를 하자고 슬쩍 말했다. 천도제를 하려면 돈이 많이 들었기에 더 조심스럽게 말을 건네왔다. 천도제를 해서 언니가 천당에 갈 수만 있다면 해야 한다고, 내 생각도 바뀌었다. 천도제에 들어가는 돈은 모두 내가 부담하기로 했다. 그렇게라도 해야 조카와 언니에게 진 무거운 짐을 조금이라도 덜 수 있을 거라 생각했는지도 모르겠다. 천도제를 지냈으니 언니는 천당에 갔을 거라고 믿었다. 그렇게 믿고 싶었다. 그렇게 언니를 떠나보내고 잊고 지냈다.

지난날 신에게 도전장을 냈던 어리석은 나의 모습들을 '가족세우기'를 통해 생생하게 재경험하게 되었다. '가족세우기'를 통해서 '사랑의 질서'에 대해 알게 되었다. 낳아준 엄마보다 더 잘 키울 수 있다는 오만함을 가졌던 나를 다시 만나기도 했다. 조카를 잘 키워준다는 명분 아래, 감히 모자간에 끼어들었던 젊은 날의 나를 만날 때마다 아팠다. '가족세우기' 덕분에 그때 민수를 엄마에게 보낼 수 있었던 것이 감사하고 참 다행이었다. 15년이 지나서야 언니를 제대로 만날 용기가 나서 찾았다. 언니에게 민수 소식도 전했다.

"민수가 지금은 대학 졸업하고 가정도 꾸리고 잘 지내고 있다네."

언니를 만나고 돌아오는 길에서, 이제야 내가 숨을 제대로 쉬고 있음을 알았다.

가장 먼저 가족입니다

존중

– 임성희

    사람을 안다는 것, 그리고 알아간다는 것은 그 존재를 인정하고 받아들인다는 것이다. 무시하거나 소외시키지 않는 것이 나의 인생 주제가 된 것처럼 말이다.

    나는 오랫동안 소외당하는 변두리 사람처럼 느끼며 살았기에 나의 존재를 알아주는 사람이 그리웠다. 인정받기 위해, 사랑받기 위해, 더 욕심을 내었다.

    어린 시절 힘겹게 일구었던 밭, 엄마가 언니 명의로 바꾸어놓았던 밭에 대한 애착이 생겼다. 밭의 명의가 언니라는 것을 알면서도 애착은 점점 더 강해졌다. 아버지가 물려주려 했고, 내가 힘들어도 울면서 지켜낸 밭이기에 더욱 갖고 싶었다.

    '가족세우기' 프로그램이 진행되던 날. 나는 내담자로서 밭, 길러주신 엄마, 길러주신 엄마에게서 태어난 언니를 대리인으로 세웠다. 그리고 나도 섰다. 밭 대리인은 나를 보았고, 나도 밭을 보았다. 기분이 좋았다. 그러나 가까이 갈 수 없었다. 마음은 가고 싶은데 발걸음이 떨어지지 않았다. 나와 밭 대리인 사이에 길러주신 엄마 대리인이 끼어들어 내가 밭을 보지 못하게 막았다. 길러주신 엄마 대리인은 언니 대리인의 손을 잡고 밭 대리인에게로 갔다. 밭 대리인에게 가서는 "네 것이다"라고 했다. 그 후 엄마 대리인은 언니 대리인에게 왕관을 씌워주었다. 엄마 대리인은 말했다. "내가 낳은 딸이 영광이다. 내 딸에게 다 주겠다"라고 했다.

나는 울부짖었다. "나도 엄마 딸이야!"라고 했다. 엄마 대리인은 듣지 않았다. 그저 언니 대리인만 쓰다듬고 어루만졌다. 나도 엄마의 딸로서 인정받고, 사랑받아 내 명의의 밭을 받고 싶었다. 어린 시절 아버지의 병환으로 엄마와 함께 울면서 일구어냈고, 수확의 기쁨을 함께 누렸던 밭이었다. 그랬기에 나는 밭에 대한 미련을 버리지 못했다.

평생교육원에서 함께 수업을 듣던 수강생 중에 나무를 가꾸는 분이 있었다. 그분이 수강생 모두에게 나무를 한 그루씩 주었다. 지금은 비록 작지만, 나중에는 멋진 그늘이 되어줄 것이라고 했다. 그분이 주신 나무를 엄마 집 뒤 담벼락에 심었다. 어떤 나무가 될지 기대되었다. 그렇게 5년이라는 시간이 흘렀다. 나무는 잘 자라주었고 이파리도 제법 멋지게 붙어 있었다.

언니는 이파리가 너무 무성해져서 나중에는 치우기도 힘들고, 쓸모없는 나무라며 캐 가라고 했다. 나는 일단 기다리라 하고 나무를 옮겨 심을 곳을 알아보았다. 쉽지 않았다. 그렇게 6개월이라는 시간이 흘렀다. 나무가 잘 있나 보려고 갔다가 나무가 없어졌다는 것을 알았다. 머리가 어지러웠다. 마치 이곳에 있던 내 삶의 뿌리가 송두리째 뽑혀서 없어져 버린 것 같았다. '넌 이곳에 있으면 안돼!'라고 말하는 것 같았다. 그 후로부터 뒷머리가 아프고, 어지럽고, 눈이 감겼다. 병원에서는 고혈압이라는 진단을 내렸고 약을 주었다. 약을 먹었지만 증상은 계속되었다.

'가족세우기' 프로그램에서 나는 내담자의 자리에 앉았고, 대리인으로 나와 고혈압을 선택했다. 고혈압 대리인을 바라보는 나의 대리인은 몸이 흔들렸다. 그리고 대리인으로 아버지, 길러주신 엄마, 낳아주신 엄마를 세우고 나자 나의 대리인은 메스꺼워서 토할 것 같고 어지럽다고 말했다.

그다음에는 언니 대리인도 세웠다. 언니 대리인은 무섭게 화를 냈다. "내가 얼마나 힘들었는지 알아? 얼마나 참고 살았는지 알아? 엄마에게 하는 것도 네가 왜 나서! 네가 뭔데. 너 옛날 같으면 죽여도 아무렇지 않아"라고 소리쳤다.

아버지 대리인은 언니 대리인에게 다가가 안아주었다. 아버지 대리인은 나의 대리인에게 "너는 사랑 많이 받았잖아"라고 했다. 언니 대리인은 울면서 "넌 주는 대로 살아. 조용히 살아!"라고 소리쳤다. 나의 대리인도 울고 나도 울었다. 언니도 아팠다는 것을 이제 알았다. 진행자는 대리인 자리로 가서 직접 서라고 했다. 나는 고개 숙여 울면서 "당신은 언니이고 나는 언니의 동생입니다. 있었던 그대로, 있는 그대로 언니를 존중합니다. 주시는 대로 받겠습니다. 하라는 대로 따르겠습니다"라고 말했다. '가족세우기'를 통해 그동안 내가 언니를 존중하지 않았다는 것을 알았다.

'가족세우기'에서 남편의 술 문제를 다루고 싶었다. 대리인에게 남편과 술의 역할을 해달라고 요청했다. 술 대리인 앞에서 남편 대리인은 뒷걸음질 치면서 누우려고 했다. 죽으려고 했다. 진행자는 나를 직접 세우고, 남편과 시부모님 대리인을 세워서 서로 마주 보게 했다. 시부모님 대리인은 쳐다만 보았고, 남편 대리인은 계속 누우려고 했다. 남편 대리인과 나는 시부모님 대리인에게 무릎을 꿇고 말했다. 남편 대리인과 나는 "부모님은 크시고 저희는 작습니다. 부모님은 주시고 저희는 받습니다. 부모님의 짐은 부모님이 가져가시고, 저희는 저희 짐만 지겠습니다. 저희 삶을 살겠습니다. 감사합니다"라는 말을 했다. 몇 번을 반복하고, 나와 대리인들은 일어났다.

프로그램이 끝나고 집에 도착했다. 남편은 여전히 술을 마신다. 그렇지만 죽는다는 말은 하지 않는다. 최근에는 손자, 손녀를 돌보기 위해 오래 살겠단다. 손자, 손녀를 위해 과수나무를 심고 싶단다. 아이들이 뛰어놀 수 있는 넓은 마당이 있는 땅을 사서 집을 짓고 싶다고 한다. 남편은 이제 미래를 꿈꾼다.

게임에 몰두하던 큰아이의 사춘기 시절에 나는 대학원에 입학했다. 대학원에서 아기 경험을 하는 '가족세우기' 프로그램에 참여했다. 나는 아기 대리인으로 한쪽 구석에 누웠다. 엄마 대리인은 옆에 있었지만 다른 곳을 보았다. 엄마 대리인은 죽은 아이들을 보고 있노라고 했다. 아기 대리인인 나는 너무 무섭고 추워서 온몸이 떨렸다. 아무리 울어도 엄마 대리인은 나를 보지 않았다. 그 후 엄마 대리인은 죽은 아기들을 보내는 애도 작업을 한 뒤, 누워 있는 내 옆으로 와서 나를 안았다. 엄마 대리인의 품은 따뜻하고 포근했다.

나는 동선이 위로 두 아이를 유산했다. 동선이가 아기 때 잠을 자지 않고 울었던 것이 생각났다. 예민하다고만 생각했다. 아기 대리인 경험을 통해 동선이가 얼마나 엄마를 찾았을지, 얼마나 무섭고 두려웠을지 실감이 났다.

진행자에게 '가족세우기'를 하겠다고 요청했다. 나는 동선이와 유산한 두 아이를 대리인으로 세웠다. 나는 먼저 유산한 두 아이를 보내주는 애도 작업을 했다. 대리인으로 세워진 두 아이가 손을 잡고 가는 것 같았다. 나의 마음이 편안해지자 동선이 대리인이 눈에 들어왔다. 동선이 대리인에게 "엄마의 짐은 엄마에게 맡기고, 넌 너의 삶을 살아라" 말했다. 동선이 대리인에게 그동안 미안했다고 하며 꼭 안아주었다. 이제 동선이는 20살이 넘어 대학생이 되었다. 대화는 별로 없지만, 기념일은 꼭 챙기는 아이. 엄마가 힘들어 보이면 몰래 설거지를 하고 자기 방으로 들어가는 아이. 가끔은 장난을 치는 아이가 되었다. 지금은 자신의 인생을 살기 위해 열심히 공부하고 있다.

언니의 상처를 무시했다. 남편은 부모님의 죽음을 존중하지 않고 따라가려고 했다. 유산한 아이들을 가족에서 제외시켰다. 존재를 존중하지 않음으로써 삶에서 결국 문제들이 발생한다는 것을 알았다. 모두는 고유한 존재로 있었던 그대로, 있는 그대로 존중받아야 함을 깨달았다.

타인에게 사랑받기

- 임효정

서클 렌즈 탓일까? 그녀의 눈빛은 초록색이라서 내 눈길이 자꾸 가지만 그녀의 눈길이 향하는 곳은 허공이다. 진짜 그녀의 눈빛이 보고 싶다. 그녀는 태어나 백일 때부터 시골 친할머니와 둘이 살았다. 할머니가 요양병원에 가시게 된 사춘기 때부터 가족과 함께 살게 되었다. 대기업을 다니시는 부모님은 항상 바쁘셨고 가족은 모두 불행했다고 한다. 부모님과 함께 사는 집에서 마음 둘 곳이 없던 그녀의 방황은 10년째 이어지고 있었다. 몇 번의 자살 시도를 거쳐 고등학교를 자퇴했다. 그녀의 부모님은 명문대를 나왔는데 집안에 어울리지 않는 사람은 자기 혼자라고 했다.

"부모님이 나쁜 사람들이 아니란 건 알아요. 워커홀릭이었고 두 분 사이는 나빴어요. 돈을 풍족하게 보내주시는 것으로 모든 걸 대신했어요. 내가 엄마가 필요할 때 엄마는 없었어요. 엄마는 그냥 그런 사람이에요. '엄마 자격이 없는 사람'이요."

그녀의 비아냥은 서늘하다.

　부모가 자녀를 조건 없이 사랑하는 것은 자연스러운 일이고 자녀는 부모에게 받은 사랑을 갚을 필요가 없다. 위에서 물이 흐르듯 한다고 하여 '사랑의 흐름'이라고 한다. 그러나 우리의 삶에서는 조건 없이 자녀를 사랑하지 못하는 경우가 너무나도 많다. 부모는 왜 그러는 걸까? 부모의 삶도 좌충우돌이 아닌가. 가난이 무서워 돈벌이가 급하거나, 남들 보란 듯이 사는 것이 중요하거나, 자신의 한풀이를 자녀의 행복이라고 착각하거나. '좋은 부모 되기'라는 욕망에 취한다. 스스로 만족스러운 부모가 되기 위해서는 좋은 자녀가 필요할 것이다. '착하게', '맏이답게', '공부 잘하면', '말 잘 들으면' 등. 많은 경우 우리는 조건을 건다. 신기하게도 자녀들은 사랑받으려면 어떻게 해야 하는지 조건을 알아챈다. 말로 전하지 않아도 눈치로 안다.
　조건을 맞추려고 애쓴 자녀들은 어느 지점에 닿으면 폭발하여 평가와 비난으로 표출한다. 그러나 자녀가 부모의 사랑을 평가하거나 비난하는 것은 자녀에게 좋지 않은 영향을 미친다. 비록 실수투성이라도, 자녀에게 부모는 평가의 대상은 아니다. 부모에게서 경험한, 조건을 건 눈먼 사랑은 성인이 된 자녀의 삶에서 다시 되풀이된다.

　그녀의 서늘한 고백이 이어졌다.
　"저는 사랑받지 못하는 사람이에요. 태어나서부터요. 아무리 애를 써도 사랑받기가 어려워요. 마치 먼지 같은 존재 같아요. 남자를 만나면 자꾸만 사랑을 확인해요. 애인에게 계속 얼마나 사랑하는지 확인을 멈추지 못하는 모습이 진짜 싫어요. 뚱뚱해질까 두려워 매일 더러운 화장실 변기에 토해요. 토를 하고 거울을 보면 진짜 수치스럽죠."

한참을 울던 그녀가 열이 오르는지 외투를 벗는다. 향수 냄새가 진동한다. 향수 냄새에 내 코가 움찔한다. 유난히 하얀 살결 때문인지, 몸에 착 붙는 옷차림에 드러난 S라인 몸매 때문에 서둘러 눈을 돌려야 해서인지 그녀의 마른 손목에 새겨진 흉 자국이 도드라지게 드러나 보인다. 손목에 걸린 팔찌를 만지작거리던 그녀가 말했다.

"선생님, 저는 존재감이 없어요. 누가 예쁘다고 말해주면 존재감이 생기고, 누가 잘했다고 말해주면 잘난 사람이 되죠. 누가 절 사랑한다고 하면 저는 정말 살아 있는 것처럼 느껴져요. 제 존재감은 저에게 없어요. 타인에게 있죠."

미니스커트에 예쁘게 화장을 한 그녀가 의자 끝에 걸쳐 앉아 있는데도 마치 주저앉아 있는 듯하다. '타인에게 사랑받기'라는 초라한 전구 빛을 향해 제 몸을 던지는 불나방 같다. 그런데 나는 존재감이 타인에게 있다는 그녀의 말에 묘한 힘이 느껴졌다. 자신의 속마음을 정면으로 직면하기란 쉽지 않다.

나는 사랑받고 싶은 마음이 커지면 들뜬다. 누군가에게 인정받으면 잘난 체하고 우쭐댄다. 그러다가 인정받지 못하게 되면 마음이 찌그러진다. 자라 모가지처럼 숨어버린다. 예전에는 부끄러워서 숨기도 하고, 겉으로는 아닌 척했다. 인정 못 받아 마음이 찌

그러지지 않으려고 노력했다.

인정받고 사랑받으려고 노력하다 보니 좋은 나날도 있었다. 그러나 나도 모르게 경쟁과 비교는 일상이 되었다. 승자와 패자만이 있었다. 승자의 우월감과 패자의 열등감은 사이좋게 서로 오갔다. 원하는 삶에서 너무 멀어진 기분이 들었다. 타인의 인정과 사랑을 받기 위해 집착해서는 안 된다. 내가 부단히 집착하여 도착해 발디딘 곳의 빛이 싸구려 전구 빛이라니. 사랑해달라고 매달리는 두 손을 놓아야 한다. 타인에게 인정받기 위해 매달리는 두 손을 놓아야 한다.

'가족세우기'에서는 종종 개인이 바라는 '이상적인 부모'를 수면 위로 들춰낸다. 부모를 향한 모든 자녀의 비난 뒤에는 '이상적인 부모'가 있다. 그녀는 엄마가 친구들 엄마처럼, 드라마에 나오는 엄마처럼 다른 엄마였길 바랐다. 하지만 그녀는 과거에서 살기를 멈춰야 한다. 시간이 흘러 성인이 되어서도 어린 시절 바람으로 이상적인 가상의 엄마를 새겨둔다. 현실의 엄마에게 분노하는 것은 결국 그녀 자신에게 버거운 일이 된다. 그녀를 뱃속에 품고 젖을 물린 엄마가 그녀가 바라는 대로 사랑해주면 좋겠지만 가족세우기에서는 운명에 순응하면서, 스스로 창조하는 삶을 모두 살아가라고 말한다.

그녀의 '가족세우기' 첫 번째 세션에서 엄마에게 감사를 전했다. 잘 안되었다. 그러나 아예 안되지는 않았다. 그녀는 자살 소동에 혼비백산한 엄마의 눈물을 떠올렸다. 엄마 비난하기를 조금씩 멈추기 시작했다. '가족세우기' 두 번째 세션에서는 그녀의 내면을 마주해서 존재감을 타인에게 확인하는 마음을 만났다. 그 마음은 큰 존재감을 갖고 싶어 했다. 그녀가 되고 싶은 가상의 모습이었다. 꿈꾸어 온 이상적인 모습! 그녀는 이상적인 자신을 한참 동안 바라보았다. 만감이 교차한 듯 눈물을 흘렸다. 가상의 모습처럼 되고 싶었노라고 고백했다. 이상적인 자신에게 이제 헤어지는 거라고 선언했다. 이상적인 자신을 품고 살았던 그동안의 고마움과 이별을 전했다. 그리고 있는 그대로 현실의 자신을 받아들이기를 소리 내어 말했다. 세션이 끝나고 침묵하던 그녀가 말했다.

"사랑받고 싶어 하는 자신이 못나 보이기만 했는데 좀 달라졌어요. 저 자신이 애쓰고 살아서 고맙기도 하고, 안쓰럽기도 하고 그래요."

눈물 탓에 화장이 절반은 지워진 그녀가 고개를 들어 피식 웃는다.

"잘될지 모르지만, 맘이 편해져요. 뭔가 잃어버린 걸 찾은 것 같아요."

우리는 마주 보고 웃었다.

나도 그녀와 같다. 사람들에게 사랑받고 인정받고 싶은 마음이 있다. 사랑과 인정을 원하는 마음에 욕심이 지나치면 집착이 된다. 집착이더라도 꼭 잡고 싶다. 타인에게 사랑받고, 인정받는 모습이란! 블랙핑크보다 빛나지 않는가! 남몰래 상상한 모습! 내가 원하고, 내가 사랑한 모습이다. 이상적이다.

블랙핑크보다 빛나는 목표가 있어서 나는 꿈꾸고 달려왔다. 지금 나를 있게 한 원동력이 되기도 했다. 간직해온 이상적인 내 모습에 사랑과 감사를 전한다. 그리고 이별을 말한다. 지금 여기 있는 그대로 자신을 받아들이기를 소리 내어 말한다. 삶으로 스며들기까지는 시간이 걸릴 것이다. 스며드는 변화를 누리면서.

가족관계의 얽힘과 풀림

- 조남희

오늘도 저는 변화 중입니다. '가족세우기'를 통하여 개인 무의식과 가족 집단 무의식 주제들이 치유되었습니다. 고통스러웠던 일(분노, 두려움, 불안 등)이 얽힘으로부터 벗어나 풀림으로 해결되었습니다. '가족세우기'에 참석한 의뢰인들이 하소연하는 주제들이 해결되는 많은 기적을 지켜보았습니다. '가족세우기'는 의뢰인뿐만 아니라 참석하지 않은 의뢰인 가족 전체를 치유하는 프로그램입니다.

'가족세우기'를 통하여 친정아버지의 삶을 이해하게 되었습니다. 현 가족인 남편과 자식들에게 상처를 준 자신을 반성하게 되었습니다. '가족세우기'를 만나서 건강하고 행복한 삶을 살게 되었습니다. 고마운 '가족세우기'입니다.

조울증 치료를 위해 1998년부터 상담 공부를 시작했습니다. 공부를 하다 보니 원가족(친정집), 현 가족 모두 역기능적 가족이었음을 깨닫게 되었습니다.

"내가 상처투성이네! 치유가 필요한 존재로구나!"

변화에 대한 갈망으로 치료 효과가 좋다는 상담 프로그램을 찾아서 다녔습니다.

어느 날 같이 상담을 배우는 후배가 "언니, 정말 놀라운 프로그램이 있는데 같이 가볼래?" 권하였습니다. 제 성격의 장점 중 하나가, 누군가 무엇을 해보라고 추천하면 일단 "그래! 좋아!" 하고 시작해보는 것입니다.

2003년 5월 미아리 교회에서 박이호 선생님이 진행하시는 '가족세우기'에 처음 참석하였습니다. 무엇을 하러 오셨습니까 하는 질문에 "아버지가 무서워요!"라고 대답을 하였습니다.

아버지에 대한 두려움은 상담 단골 주제였습니다. '가족세우기'에 참석하기 전, 3년 동안 담당 교수님께 정신분석과 상담 사례 슈퍼비전을 받고 있었습니다. 정신분석 상담은 사람의 주된 정서를 분석합니다. 내담자가 이야기를 하면 그 주제로 정서를 분석하는 것입니다. 주로 원가족 이야기, 현 가족 이야기가 상담 내용이었습니다. 가족세우기에 대한 정보가 전혀 없이 참석하였습니다. 물론 박 선생님도 저에 대한 정보가 없었고요.

순식간에 '가족세우기'가 끝나고 박 선생님이 "누가 6·25 때 총살 당하셨나요?"라고 질문을 하셨습니다. "친할아버지요…." 너무나 놀라서 말문이 막혀 간신히 대답했습니다.

"언급하지도 않은, 6·25 때 돌아가셔서 생전에 한 번도 뵙지 못한 할아버지는 어째서?"

박 선생님이 저와 아버지 할아버지를 '가족세우기' 장에 세우셨습니다. 그런 뒤 할아버지와 관계된 다른 대역을 세우셨는데, 그 사람이 할아버지께 총을 쏘는 장면이 보인 것입니다. 박 선생님은 의뢰인 자리에 앉아 있는 저를 보시더니, "이 사람은 총에 맞아 돌아가신 분 후손입니다. 그렇지만 피해자라고 생각하는 이분에게도 사람을 죽이고 싶은 가해 심리가 들어와 있습니다. 폭력성은 아버지로부터 딸에게까지 내려왔습니다."

"이분 무서우신 분입니다. 이 사람에게 잘못하면 맞아 죽을 수도 있습니다." 살해당한 할아버지의 정서, 죽임에 대한 두려움과 가해자를 죽이고 싶은 살인적인 분노가 아버지에게 내려왔습니다. 그리고 저에게까지 영향을 미치고 있었습니다. 정말 충격적이었습니다. 정신분석을 3년 동안 열심히 받았습니다. 그런데 전혀 다루지 못했던 할아버지 정서가 내 안에 있다니! 참으로 놀랍고 신비한 경험이었습니다.

2005년 6월부터 한국에서 최초로 '가족세우기' 전문 과정이 대전에서 시작되었습니다. 등록을 결심하기 전 박 선생님께 상담 전화를 드렸습니다.

"전문 과정을 하고 싶습니다. 어떻게 하면 될까요?"

"기독교 전도사라고 하시던데 기도는 많이 하셨겠네요. 기도해 보시고 결정하시죠!"

박 선생님 말씀이 끝나자마자 침대 옆에 무릎을 꿇고 간절히 기도드렸습니다.

"하나님! '가족세우기' 하고 싶습니다. 도와주세요!"라고 기도를 마친 후 전화를 드려서 전문가 과정에 등록하겠다고 말씀드렸습니다. 그 당시 서울에 살았는데, 신기하게 남편이 전출 명령이 나서 대전으로 이사를 오게 되었습니다. 그렇게 '가족세우기'와 인연이 되어 지금까지도 좋은 만남이 계속되고 있습니다.

어느 날 백화점 쇼핑 중 어지럼증이 일어나서 '가족세우기' 주제로 하소연하였습니다. 저와 어머니, 할머니, 증조할머니를 세웠는데 모르는 한 분이 네 사람 주위를 배회하는 모습이 나타났습니다. 할아버지께서 군인이셨어요? 박 선생님 질문에 깜짝 놀랐습니다. 외증조할아버님에 대해 아는 정보가 전혀 없었기 때문입니다. 외갓집은 독립유공자 가문으로 외할아버지의 사촌 여동생이 류관순 열사이십니다. 저에게는 당고모 할머님이십니다. 외가는 열사 후손이라는 자부심이 있습니다. 어머니는 얼마나 믿음 좋은 집안인지 강조하셨습니다. 기독교 신앙인으로서 모범적으로 평생 새벽기도하셨던 외할머니, 외증조할머니에 대한 자랑만 하셨습니다.

'가족세우기' 장을 마친 후 친정어머니께 "증조할아버님께서 군인이셨어요?"라고 어머니께 여쭤보았습니다.

"그래 맞아! 조선 시대 말기 별기군 군인이셨어."

"그럼 할아버지 계급은요?"

"병정이셨단다."

"할아버지는 어디 근무하셨나요?"

"별기군 총사령관 비서실!"

놀라운 인과관계였습니다. 군인의 증손녀딸인 제가 군인 아내가 되었고, 그 당시 남편은 육군참모총장 비서실장 직책을 맡고 있었습니다. 어머니는 믿음 좋은 할머님들에 대한 아름다운 가족 신화(family myth)만을 전해주셨습니다. 술을 많이 드셔서 별명이 딸기코였던 증조할아버지는 가족에서 제외하고 한 번도 언급하지 않으셨습니다. '가족세우기'를 통해 제외되었던 할아버지를 만난 후 군인 아내를 운명으로 받아들이고 남편 내조에 최선을 다했습니다. 그 결과 남편은 3성 장군이 되는 큰 영광을 얻게 되었습니다. 할아버지께서 증손녀딸이 장군 아내가 된 것을 아시고 얼마나 기뻐하셨을까요?

'가족세우기'는 내가 알지 못하던 개인 무의식과 제외했던 가족 집단 무의식을 찾아줍니다. 그래서 '가족세우기'는 퍼즐 맞추기라 생각합니다.

"유레카! 찾았다. 내가 왜 그런지! 그 사람이 어째서 그렇게 살게 되었는지."

나와 가족, 그리고 이웃들의 무의식을 찾는 퍼즐 맞추기는 지금 현재 진행 중입니다.

충성 맹세

- 조왕신

시간이 가면 무엇이든 저절로 이루어진다고 믿었다. 바쁜 시간
이 지나면 엄마는 나를 봐줄 거라 믿었다. 내가 엄마를 기쁘게 하
면 엄마의 고단함이 없어질 걸로 생각했다. 그런 생각들이 내게 명
령했다.

'엄마를 기쁘게 하라!'

5~6살 때쯤으로 기억된다. 마루가 높고 마당이 있고 부엌 앞쪽
에 수돗가가 있는 집이었다. 수돗가에서 동생들 얼굴을 씻기고 손
과 발도 닦아주었다. 엄마는 매일 수돗가에서 붉은 대야에 물을 받
아놓고 쪼그리고 앉아 빨래했다.

따뜻한 봄날이었다. 시골에서 할머니와 당숙모가 올라오셨다.
눈이 너무 높아 노총각인 둘째 삼촌과 결혼할 아가씨가 선을 본다
고 하셨다. 다음 날 아침 엄마도 예쁘게 화장하고 할머니, 당숙모

와 함께 나가셨다. 엄마가 돌아와서 방 치우려면 또 힘들겠다 싶었다. 나는 방마다 돌며 여기저기 흩어져 있는 빨랫감을 가지고 나와 엄마 대신 빨래를 했다.

'엄마가 이렇게 했지?'

대야에 물을 받고, 옷가지를 집어넣고, 쪼그리고 앉아 빨래판 위에 옷 하나씩 꺼내 빨랫비누로 한 번 문지르고, 다시 물에 집어넣었다가 빨랫줄에 척척 걸어놓았다. 엄마가 하던 것 그대로 따라 했다.

'이따 엄마 들어오면 깜짝 놀랄 거야. 헤헤헤.'

엄마에게 칭찬 들을 걸 생각하니 신났다. 빨리 엄마가 오기를 기다렸다. 노래를 부르며 빨래가 널려 있는 마당을 뛰어다녔다.

"아휴! 이게 다 뭐야?"

꽉꽉꽉, 옷가지 내리는 소리와 함께 엄마의 성난 목소리가 들렸다.

"내가 못산다. 왜 시키지도 않은 일을 해서 일거리를 더 만들어?"

윙윙윙, 마당에서 빈 빨랫줄 울음소리가 들리는 듯했다.

"너 땜에 내가 힘들어 죽겠다."

나는 내가 왜 혼나는지도 모른 채 고개를 숙이고 있었다.

둘째가 딸이다. 여간 귀엽고 예쁜 게 아니다. 딸이 나를 기쁘게 할 때 '나도 우리 엄마에게 내 딸 같은 아이였을까?'라고 생각하곤 했다.

'가족세우기' 장은 열릴 때마다 강하게 나를 흔든다. 다른 사람의 역할을 대신하는 대리인 경험은 나에게도 있었을 삶의 어둡고 후미진 시간을 돌아보게 한다. 지친 나를 다독거리고 때로는 인정받지 못했던 외로움을 대견함으로 승화시키기도 한다.

7남매 중 첫째의 대역으로 섰다. 모르겠다. 왜 그리 답답하고 화가 올라오고 손끝이 떨렸는지. 장이 끝나고 난 후에도 계속 속이 메스껍고 어지러워서 힘들었다. 집에 돌아와서도 토하고 몸살처럼 앓았다. 그 뒤로 한참 대리인으로 서지 못했고, '가족세우기'에 참여하게 되면 나를 객관화시켜 펼친 그림처럼 바라보려 노력했다.

엄마에게 물었다.

"엄마, 엄마한테 나도 유민이처럼 귀엽고 예쁜 딸이었어?"

"뭐래냐, 너 딸보다 내 딸이 훨씬 더 이쁘지. 말이라고?"

"치! 그러면 말이야. 그때 나 왜 혼냈어?"

오래 마음속에서 잊히지 않던 '빨래' 얘기를 꺼냈다.

"썩게! 그걸 네가 기억하고 있었냐? 뭐 좋다고."

둘째 삼촌은 인물이 좋아 중매 서겠다는 친척들이 많았다. 삼촌 자신도 잘생겼다 느끼고 또 능력도 있어 매사 자신감도 컸다. 좀 과장하면 선을 백 번은 본 것 같다. 할머니도 아들에 대한 자부심이 커서 며느릿감 보는 눈이 높으셨다.

엄마는 중졸이다. 외할아버지께서 여자 가르칠 돈 있으면 마을에 똑똑한 남자 잘 키워서 나라에 보탬 되게 해야 한다며 엄마는 고등학교도 보내지 않으셨다. 외삼촌 둘 다 대학 갈 때 엄마는 과수원에서 외할머니 일을 도와드렸다. 워낙 손재주가 좋은 엄마는 재봉틀로 식구들 옷도 만들었다. 22살에 아버지와 결혼해 그 큰 살림 다 책임지신 힘의 근원이, 배운 게 적어 못한다는 소리 듣지 않으려 애쓰는 데서 나왔다.

학벌 좋고, 예쁘고, 집안 좋은 동서한테 할머니 사랑을 뺏기면 어쩌나 불안했다고. 아버지가 동생보다 못한 결혼을 후회하면 어쩌나 하는 걱정으로 잠도 못 잤다고. 할머니와 당숙모가 선보고 시골에 내려가시면서 혼사 치른다고 하니 착잡했다고.

빨랫줄에 물이 뚝뚝 떨어지는 옷가지들을 보니 당신도 모르게 화가 확 올라왔다고. 어린것이 엄마 일 도와준다고 빨래 흉내 낸 걸 보고 서러웠다고. 혼낼 일이 아니었는데 혼내서 미안하다고. 엄마도 오래 가슴에 남아 있었다고 말씀하셨다. 그리고 대견한 딸, 천하에 둘도 없는 딸이라고 하셨다.

'가족세우기'는 시시비비를 가려서 판단하는 자리가 아니다.

있는 그대로, 있었던 그대로 받아들이는 자리이며 고통을 함께하고 화해하는 자리다.

4장

있는 그대로,
있었던
그대로

동의합니다

- 김명서

아침 6시 반, 전화벨이 울렸다. 이 시간에 전화 올 일이 없는데, 불길한 기분이 들었다. 둘째 여동생 전화였다.

"언니, 언니… 아빠가, 아빠가 돌아가셨어…. 아빠가… 언니."

여동생이 이상한 말을 했다. 꿈을 꾸고 있는 건가.

"뭐라는 거야? 울지 말고 다시 말해봐. 지금 뭐라고 했어?"

아이들을 깨웠다. 뭐라고 말해야 할지 내 입으로 말하는 게 현실이라는 걸 인정하는 거라서 말이 나오지 않았다.

"일어나. 있지, 지금 연락이 왔는데 (숨을 크게 몰아쉬고) 외할아버지께서 사고가 있었어. 그래서, 지금 시골에 가야 해. 할아버지께서 돌아가셨다는데…. 어서 준비해서 가자."

지금 생각해보면 아이들에게 그 소식은 매우 큰 충격이었을 것이다. 하지만 그 마음마저 챙기기엔 여유가 없었다. 고속도로를 운전하면서 눈물이 멈추지 않았다. 가는 도중 잠시 휴게소에 들러 숨을 몰아쉬었다. 말도 안 돼. 어제 얼굴 보고 왔는데, 하루도 지나지 않았는데, 갑자기 아빠를 볼 수가 없다니, 아마 잘못된 소식일 거야. 아닐 거야. 심호흡을 하고 10분 뒤 다시 출발했다. 1시간 반을 더 달려 사고 현장에 갔다. 아빠는 그곳에 없었다. 구급대원들이 모시고 갔다. 남동생에게서 전화가 왔다. 장례식장 주소를 보내주며 그곳으로 오라고 했다. 이 상황이 사실이구나. 눈물이 나지 않았다. 서울에서 온 남편이 운전하는 차를 타고 장례식장으로 갔다.

그렇게 아빠를 보냈다. 마지막 얼굴을 보지도 못하고 아빠를 보냈다. 장례식장에서 울고 있는 엄마와 동생들을 보며 마음이 조마조마했다. 아래 여동생은 쓰러졌고 엄마는 충격에서 간신히 버티고 계신 듯 위태로웠다. 남동생이 건물 밖으로 나가자고 했다. 남동생은 나를 보며 "누나" 목 놓아 불렀다. 이후 말을 잇지 못했다. 하늘이 울었다. 나는 울지 못했다.

장례식을 마친 후에 한 달 동안 매일 3시간 동안 차 안에서 꺼이꺼이 울면서 친정집을 오가며 아빠 사고 수습을 하러 다녔다. 사고 이후 3년 뒤 외상 후 스트레스 장애(Post Traumatic Stress Disorder, PTSD)를 경험했다. 고속도로에서 노란 꽃을 보는 순간 앞이 안 보이고 손발이 마비되었다. 이론을 알고 있던 나는 나에게 PTSD 증상이 왔다는 걸 알아차렸다. 2014년 세월호 사건이 일어나기 바로 전에 아빠가 사고로 돌아가셨다. 그 충격에서 벗어나기도 전에 뉴스에서는 온통 노란색 리본과 사건 이야기로 들썩였다. 노란 리본 물결이었다. 듣기도, 보기도 싫었다. 뉴스 보기를 꺼렸다. '노란색을 볼 때마다 인상이 찡그려지던 이유가 이거였구나. 제발 나에게 누구라도 전화 좀 해줘!'라고 빌었다. 전화는 오지 않았다. 손발이 굳어서 전화를 걸 수도 없었다. 속도 계기판을 볼 수도 없었고 차선 변경도 할 수가 없었다. 속도를 줄이고 싶어도 몸으로 할 수 있는 것은 큰 소리로 울면서 두 손으로 핸들을 꼭 잡고 달리는 정도가 최선이었다.

그 상태로 한 시간가량을 펑펑 울면서 고속도로를 달렸다. 다행히 고속도로에 차가 없어 큰 사고로 이어지지 않았다. 한 시간 정도 지났을까, 서서히 도로 앞쪽 시야가 선명해지기 시작했다. 손발이 움직여지기 시작했다. 고속도로를 빠져나와 주차했다. 차에서 나오지 못하고 두 시간 정도를 울었던 기억이 있다.

그다음 해 강원도로 NLP(Neuro-Linguistic Programming) 자격 연수를 갔다. 1주일 동안 머물면서 PTSD 집중 치료를 받았다. 치료 첫날 온몸이 풍선처럼 부풀었다. 아빠의 죽음에 대한 상실로 인한 PTSD 증상이 엄청난 에너지로 몸에 침습되어 있을 거라는 생각도 못 했다가 내 몸 상태에 당황했다. 울었다. 처음 나오는 울음이 격하게 올라왔지만 금세 그 마음을 누르는 내가 있어 울음을 잠재웠다. 펑펑 울고 싶었지만 쉽지 않았다.

몇 달 후 버트 헬링거 선생의 '가족세우기'를 처음 알게 되었다. '가족세우기'에서 아빠를 만났다. 대리인을 통해 그리운 아빠를 만나고 싶었다. 사고로 돌아가신 아빠에게서 '아프지 않고 괜찮다'라는 메시지를 받고 싶었다. '가족세우기'에서 매번 같은 분이 대리인으로 지정되었다. 대리인은 천을 얼굴에 뒤집어쓰고 바닥에 누웠다. 사고로 심하게 몸을 상한 아빠, 그래서 가시는 마지막 모습을 보지 못했다. 그래서 내 기억에는 살아생전 나를 보며 웃으면서 출근하시던, 온화한 미소를 짓고 있는 얼굴만 남아 있다. '나에게 상한 얼굴을 보여주기가 싫어서일까.'

천을 뒤집어쓰고 있는 대리인이 야속했다. '가족세우기'에서 조차 아빠를 만나는 걸 허락하지 않아 슬프고 신경질이 났다. 아빠가 돌아가신 지 5년이 지났는데도 나에게 멘토 역할을 해주셨던 아빠가 세상에 없다는 걸 받아들이는 것은 너무 괴로웠다. 사고로 돌아가시던 순간, 많이 고통스러웠던 아빠.

'그 순간이 얼마나 무섭고 아팠을까, 외로웠을까, 늘 자상했던 아빠가 우리를 떠올리며 얼마나 슬펐을까.' 그 마음에 가슴이 무너졌다. '내 걱정하지 마세요'라는 마음을 전달하고 싶었다. 큰딸 걱정하시던 아빠 마음을 덜어주고 싶은 마음이었다. 간절히 그 마음을 전하고 싶었지만, 얼굴에 천을 뒤덮고 누워 있는 아빠는 어떤 반응도 하지 않았다. '가족세우기' 장(場)에서 그 모습의 아빠를 일 년 내내 마주했다.

아빠를 갑자기 잃어버린 아픔은 오랜 시간 나를 힘들게 했다. 마음에서 아빠의 죽음을 거부하고 싶었다. 죽음을 인정하고 싶지 않았다. 아빠의 빈자리가 서러웠다.

'가족세우기' 치유 문장을 읊조렸다.

"아빠는 운명대로 살다 가셨습니다. 나는 나의 운명대로 살다 가겠습니다."

마음에서는 동의하지 않았다. 따라서 죽고 싶었다. 여전히 사고로 아빠를 잃어버려 아프고, 화나고, 그립고, 슬펐다. 치유 문장은 나에게 도움이 되지 않았다.

'가족세우기'를 통해 아빠를 만나기 시작한 지 1년이 지난 후 아빠의 죽음을 서서히 마음으로 받아들이면서 인정하기 시작했다. 만약 내가 아빠가 돌아가셨을 때 다른 가족처럼 소리 내어 큰 소리로 펑펑 울고 장례식장에서 상실 감정을 억누르지 않고 이별을 받아들이며 슬픔을 표현했다면 PTSD 증상이 생기지 않았을 수도 있다. 아빠 얼굴을 보고 온 지 하루 만에 아빠를 떠나보내야 하는 상황을 인정하고 싶지 않아 떠나버린 아빠를 잡고 있었다. 붙잡고 싶었다. 있는 그대로 존중하지 않았다. 아빠를 존중한다면 보내드려야 했다. 아빠의 운명에 동의해야 했다.

2년 넘게 '가족세우기'를 통해 아빠의 죽음을 간접적으로, 직접적으로 다루면서 서서히 나의 아픔은 아빠가 주신 사랑으로 어루만져졌다. 나의 변화는 '가족세우기'에서 보여주었다. 아빠의 대리인은 천을 얼굴에 덮지 않고 마주하는 모습으로 바뀌었다. 내가 아빠의 죽음에 동의하고 있다는 걸 보여주었다.

오래 걸렸다. 아빠가 떠나고 거의 8년이 지났다.

사랑하는 가족을 불의의 사고로 잃어버리고 가슴으로 받아들일 수 없는 상황을 있는 그대로 인정하고 운명으로 받아들이며, 온전히 동의하는 마음이 무겁고 어렵다는 걸 알았다. 머리에서 가슴까지 내려오는 시간은 길었다.

"아빠는 크시고 저는 작습니다. 아빠는 아빠의 운명대로 살다 저나라로 먼저 가셨습니다. 아빠의 운명이 다했다는 것에 동의합니다. 나는 나의 운명대로 살다 가겠습니다. 감사합니다."

"동의합니다"를 말할 때 온몸의 세포가 울며 떨렸다. 온전히 있었던 일 그대로 아빠를 보내드렸다. 잃어버린 사랑에 머물기보다

주신 사랑으로, 생명으로, 앞으로 나아갈 수 있다는 사실에 감사를
전한다.

여기 이 자리에 있음에 감사

- 김지안

이번 겨울은 유난히 춥다. 오늘도 한파다. 식탁에 앉아 저녁을 먹으며 바람이 불고 눈보라가 치는 창문을 바라보았다. 튼튼하고 견고한 창문은 흔들리지 않는다.

"여보, 난 너무 행복해. 춥지 않게 이렇게 저녁을 먹을 수 있어서 너무 좋아. 오늘 같은 날 특히 더."

남편을 바라보며 말했다.

"다른 사람들도 다 춥지 않게 밥 먹어. 아파트 살면 다 춥지 않아." 남편이 퉁명스럽게 말했다.

"무슨 소리, 난방비 아끼려고 추운데도 보일러 틀지 않고 사는 사람 많아. 단칸방 사는 사람들, 아직도 물을 데워서 쓰는 사람도 많을걸."

이렇게 식탁에 앉아 춥지 않게 저녁을 먹을 수 있어서 감사하다. 잠잘 때 쪼그리지 않고 두 다리 쭉 펴서 잘 수 있다는 사실이

행복하다. 오늘처럼 추운 날씨에는 추웠던 청소년 시절이 생각
난다.

나는 늘 혼자였다. 아주 어렸을 때 입양을 갔고 이 집 저 집으로
옮겨 다녀서 '엄마'라고 불러야 하는 사람이 자주 바뀌었다. 친엄마
를 8살에 만났다. 8살 전 기억은 나지 않는다. 여기저기 떠돌아다
녀서 기억이 나지 않는 것이라고 엄마가 말했다. '이 엄마도 다음
에 바뀌겠지'라는 생각을 했다. 언젠가는 떠나갈 사람이라고 생각
했다. 나는 늘 헤어질 것을 준비하며 불안했다.

중학교를 졸업하자마자 낮에는 직장을 다녔고, 밤에는 야간학
교를 다녔다. 아침 7시에 집에서 나와 밤 11시에 집에 들어갔다.
자취하고 있었기 때문에 겨울이 오면 문풍지를 붙였고, 하나뿐인
창문은 비닐봉지로 막아야 했다. 연탄불을 갈지 못해 집에 가면
연탄불은 늘 꺼져 있고 두꺼운 이불을 뒤집어쓰고 쪽잠을 자야
했다. 가끔 주인아주머니가 갈아줄 때는 얼마나 감사하고 고맙던
지, 그날은 두 다리 뻗고 편하게 잠을 잤다. 아침에 찬물에 머리
를 감으면 수건으로 닦기도 전에 머리카락이 얼어붙어 툭툭 털고
다녔다. 고양이 세수를 하고 출근했다. 혼자 자취를 하고 있었기
때문에 아침은 늘 굶었다. 점심은 회사에서, 저녁은 길가 포장마
차에서 어묵과 국물로 배를 채웠다. 그렇게 나는 청소년기를 보
냈다.

월급을 타면 엄마의 생활비와 병원비를 내야 했기 때문에 한 달
에 5만 원밖에 저축할 수 없었다. 그래서 일찍 돈에 눈을 떴다. 야

근을 많이 한 달에 엄마는 여유가 있다고 좋아했다. 공장에서 일을 해야 했던 나는 늘 같은 옷과 신발을 신고 다녔다. 나의 별명은 단벌 공순이였다. 공순이라는 소리가 듣기 싫었다. 나는 계절이 바뀌지 않으면 늘 같은 옷을 입을 만큼, 나에게 쓰는 돈은 거의 없었다. 똑같은 옷만 입고 다닌다고 주위에서 놀렸다. 그때는 그런 소리를 들어도 부끄러운 줄도 몰랐다. 놀 줄도 모르고 꾸밀 줄도 몰랐다. 할 수만 있다면 공순이 위치에서 벗어나고 싶었다. 그래서 새벽에 타자학원을 다녔다. 깨끗한 환경에서 일을 하며 사람답게 살아보고 싶었다. 통장에 조금씩 돈이 쌓이는 걸 보면서 힘을 얻었고 위로를 받았다. 열심히 모았다. 대출을 받고 모아두었던 돈으로 13평 아파트를 마련하여 엄마를 모셔 와 살게 되었다. 10년 만에 집을 장만했을 때 세상을 다 얻은 것 같았다. 더 이상 주인집 눈치를 보지 않아도 되어 움츠렸던 어깨를 펴게 되었다.

대학에 가고 싶었다. 대학을 나오면 좋은 직장으로 옮길 수 있고 주눅 든 내 삶에도 변화가 있을 것 같았다. 아파트 대출을 갚으며 열심히 학비를 모았다. 어렴풋이 어딘가에 언니가 살고 있다는 것을 알았지만 내 나이 23살에 언니를 처음으로 만났다. 언니와 함께 살게 된 후 2년도 안 되었는데 언니는 결혼하겠다고 했다. 엄마는 아파트를 팔아서 언니를 시집보내자고 했다. 대출도 많이 남아 있고 어렵게 장만한 아파트인데 다시 월세방으로 옮길 수는 없었다. 대학 가려고 모아둔 돈에 아파트 담보로 대출을 받아 언니를 결혼시켰다. 언니가 기죽지 않게 살아야 한다며 우리 형편에 과한 혼수를 해서 언니는 결혼했다.

"가뜩이나 모자라는 언니, 구박받지 않게 보내려면 남들처럼 해

보내야 한다. 너는 네 언니보다는 잘났으니 그깟 대학 안 가도 되고, 너는 시집가지 말고 나랑 살자."

"엄마 수명은 내가 안다. 나는 얼마 못 사니 언니 시집보내고, 돈이야! 또 모으면 되지!"

"나 죽은 뒤에 후회하지 말고 있을 때 잘해야 한다. 엄마는 아픈 사람이다."

이런 말을 하는 엄마가 점점 미워지고 싫었다.

5년을 사귄 지금의 남편을 데리고 왔을 때 "결혼 못 시킨다. 평생 나랑 살아야 한다"라고 소리 지르며, 인사하러 온 남편을 엄마는 내쫓았다. 그때 엄마의 화난 모습을 잊을 수가 없다. 엄마는 1년 중 3개월을 모시는 조건과 생활비를 책임지겠다는 각서를 쓰게 하고 나서야 결혼을 허락했다. 결혼 후 남편 눈치, 시댁 눈치를 보며 엄마를 부양해야 했다.

결혼할 때 혼수 대신 비자금 통장을 남편 몰래 가지고 왔다. 세탁기도 없이 손빨래하며 절약하여 비자금을 모아야 했다. 외벌이인 남편 월급으로 생활하는데 매달 엄마의 생활비를 보내야 했기 때문에 보이지 않는 곳에서 절약해야 했다. 어려서부터 돈의 힘을 알았던 나는, 엄마와 함께 생활하며 많은 책임감을 느꼈다. 돈이 없다는 것이 얼마나 사람을 쪼그라들게 만들고 비굴하게 만드는 것인지 나는 일찍 체험했다. 90세에 엄마의 사망 소식을 들었다. 딸로서 슬픔의 눈물보다는 두 어깨를 누르고 있던 책임에서 벗어나 홀가분하다는 기분이 들었다. 슬퍼해야 할 딸인 내가 '엄마에게서 드디어 해방이다'라는 생각만 했다.

나는 세 아이의 엄마로서 엄마처럼 살지 않겠다고 수없이 다짐했다. 자식에게 부담을 주는 부모는 되기 싫었다. 괜찮은 엄마로 내 자식에게 기억되고 싶다. 내가 자식에게 하는 것을 보고 남편은 강박이라고 했다.

나는 착한 딸이어야 했고, 착한 동생이어야 했다. 엄마와 언니에게 남들이 갖고 있는 일반적인 애틋한 사랑이나 그리움 같은 것이 없다. 나는 의무적으로 엄마와 언니를 돌봐야 했기 때문에 지쳐 있었다. 너무 어린 나이에 책임을 져야 하는 상황에서 자라 그런지 내 수중에 돈이 없으면 불안하다. 나를 지탱하게 해준 것은 돈이다. 아무에게도 의지할 수 없었다. 의지할 수 있는 건 오로지 돈뿐이었다.

다른 사람들의 '가족세우기' 장을 통해서 알게 되었다. 나보다 더 힘든 삶을 살았고, 나보다 더 고통 속에서 살았던 사람들을 '가족세우기' 장에서 만난다. 대리인의 삶을 통해서 얽힘을 풀어가며 살고 있다는 것을 알게 되었다. 다양한 삶의 경험을 통해 '가족세우기' 장에서 보고 느끼게 되었다. 나의 힘들었던 것들이 지금의 나를 지탱해주는 힘이 되고 있다는 확신도 갖게 되었다. 보이지 않지만, 나의 조상님들과 연결되어 있다는 것을 체험하고 있다. '전생에 내가 부모님과 형제에게 상처를 많이 주고 살았나 보다.' 그리하여 '이생에서 갚으며 살라고, 내 삶이 이렇게 고달프고 힘들었나 보다.' 지금까지 눈치 보는 나의 인생을 살았다면, 이제는 남 눈치 보지 않고 당당하게 살아가고 싶다. '가족세우기'를 통해 다른 사람의 경험과 대역을 하면서 나는 느끼고 알아가려고 한다. 새로운

'가족세우기'의 장을 통해 성장해가고자 한다. 변화된 모습, 당당한 나의 모습을 기대한다.

한발 떨어져서 본다는 것

– 박도경

'가족세우기'는 다른 상담기법에 비해 매우 빠른 통찰을 주는 경우가 많다.

가족을 세우고 한발 떨어져서 그들의 무의식적인 움직임을 보면 단절된 관계, 융합된 관계 등 보이지 않던 얽힘이 보인다.

보이지 않던 관계가 보인다.

관계의 시작이 보이고 과정이 보인다.

매일 마주하는 가까운 관계, 현재 내 주변의 관계를 장에 세워보면 새로운 시각이 생겨나고 낯선 관계의 흐름을 볼 수 있다. 가족의 경우 이전 세대와 현재 세대를 모두 장 위에 세우면 더 큰 틀에서 가족 구조를 볼 수 있다. 마치 어느 날 문득 거울 앞에 섰을 때의 느낌이랄까? 내 얼굴을 매일 마주하는 남들에게는 익숙한 얼굴이지만 오히려 나에게는 낯설게 다가오는 그 느낌처럼. 거울 앞에 서야만 비로소 나의 표정이 보이고, 주름살이 보이고, 땀구멍이 보인다. 한발 떨어져서 보면 떨어져 있는 간격만큼 가까이에서 볼 수 없었던 새로운 것이 보인다.

그렇게 흘러갈 수밖에 없는 이유, 나도 아니고 그도 아닌 또 다른 이유가 보인다. 새로운 흐름이 보인다.

새해가 되면서 일련의 계획과 준비로 하루가 바쁘게 돌아가고 있다. 그런 와중에 전화벨이 울리고 오후 급한 출장이 잡혔다. 예정에 없던 출장이라 마음이 급해진 나는 웬일인지 하지 않아도 될 일까지 마무리해야겠다는 마음이 들어 서둘러 메일을 작성하고 보내기 버튼을 눌렀다. 잠시 후 다른 일로 메일을 열었다가 아뿔싸! 날짜가 틀린 채로 메일이 보내진 것을 발견했다. '한 번 더 점검하고 보낼걸, 시간차를 두는 건데….'

한발 떨어져 보는 것은 시간적인 면에서도 마찬가지로 도움이 되는 일인 것 같다. 눈앞에서 펼쳐지거나 코앞에 흘러가는 일에만 급급하다 보면 터널 시야에 갇혀 전체 흐름을 읽지 못하거나 무언가 놓치기 십상이다.

그동안 다양한 사람들의 대리인으로, 또 관찰자로 '가족세우기' 장에 참여했다. 외국인으로서 한국에 살고 있는 사람들과 함께 장에 설 일도 많았다. 서로 모르는 사람들이어서일까? 아니면 무거운 주제라고 생각해서일까? 오래전 헤어지거나 생사를 알 수 없는 자녀를 찾고자 하는 엄마, 억울하게 돌아가시거나 한을 남기고 돌아가신 조상, 현재 갈등을 겪고 있는 가까운 가족 등 다양한 상황을 '가족세우기' 장에 세운다.

내담자는 한발 떨어진 거리에서 드라마처럼 흘러가는 장의 흐름을 지켜본다. 숨죽여 울먹이기도 하고, 안도하며 편안해하기도 한다. 새로운 통찰이다. 팽팽한 긴장감이 장 안을 가득 채울 때면 나도 내담자가 되어 소름이 돋기도 하고 울먹이기도 한다. 때로는 흐뭇한 미소로 공명할 때도 있다. 관찰자로 있을 때 전체 흐름이 더 잘 보인다. 어쩌면 이렇게 단 한 번 참여로 드라마틱한 통찰을 주는 장이 펼쳐질 수 있을까. 놀라울 때가 많다.

'가족세우기' 장에 부모님을 세우고, 아이들을 세운다. 엄마의 표정이 무엇을 말하고 있는지, 아버지의 미소가 무엇을 의미하는지 새로운 모습으로 다가온다. 아이들이 생활하며 느끼는 감정이나 부모를 바라보는 관점도 내가 생각했던 것과 매우 다르게 다가올 때가 있다.

'가족세우기'를 통해 펼쳐진 그대로, 있는 그대로를 인정하는 것이 세대를 이어오는 가족 간 얽힘에서 가장 빠르게 벗어나는 길임을 알게 되었다. 물론 저항감이 올라올 때도 있다. 인정하고 동의하는 것이 쉽지 않을 때도 있지만 그것 없이는 한 발짝도 앞으로 나갈 수 없다는 것을 안다.

한발 떨어져서 있는 그대로 지금의 나를 본다. 부부가 검은 머리 파뿌리 되도록 오래오래 행복하게 사는 일은 내 인생에서 실현되지 않았다. 모두가 같은 길을 가는 데는 보편적이고 타당한 이유가 있을 것이다. 그럼에도 모두가 최선의 행복을 맛보지는 않을 거라고 자신을 달래가며 나는 다른 길을 선택했다.

아이들을 대학에 보내놓고 혼자가 되었다. 지금 생각해도 참 독한 결정이었던 것 같다. 오랜 숙고 끝에 독한 결정을 할 때가 있다. 그런데 몸에 꼭 맞는 옷을 입은 듯 편안하다. 가끔 피클을 담은 유리병 뚜껑을 열지 못하거나 시멘트 벽에 좋은 그림을 걸지 못하는 성가신 일상을 만나지만 혼자가 좋다. 할 수 있는 선에서 할 수 있는 만큼 소망하던 일들을 실현하며 살기로 했다.

가족 체계의 틀에서 보면 질서를 벗어난 일이다. 어딘가에서 가족 간 얽힘이 생길 가능성을 예상하기에 그것을 최소화하려 최대한 노력하며 살고 있다.

나는 이 매력적인 기법에 앞으로도 오래 참여할 것 같다. 삶에서 만나는 다양한 감정들이 있다. 그 속에 존재하는 불편감을 찾아내어 장에 세우려면 용기가 필요하다. 장에 세우고 한발 떨어져서 펼쳐지는 낯선 현상들을 객관화해 바라보다 보면 내면에서 많은 생각과 감정들이 정리된다. 내 안에 움츠리고 가려져 보이지 않던 부분은 다시 일으켜 세우고, 과장되거나 쓸데없는 장식들은 도려내면서 성장이 이루어진다.

신이 아니기에 완성은 묘연하지만 단단한 알맹이 진짜 내 모습으로 진정 원하는 삶을 살게 되지 않을까. 시간이 흐름에 따라 적어도 점점 더 그런 삶에 가까워짐을 느낀다.

선물처럼 다가오는 순간순간을 만끽하며.

사랑의 질서, 내 자리를 찾아서

- 박서정

6월 따사로운 초여름, 날씨가 좋아 아이들과 함께 엄마 집에 갔다. 엄마와 한참 이야기하던 중 밖에서 남자 목소리가 크게 들렸다. 무슨 일인지 알아보기 위해 엄마가 밖으로 나가셨다. 주차 문제로 동네 골목에서 소란이 일어났다. 그런데 그 속에서 익숙한 엄마 목소리가 들렸다. 방에서 쉬고 있던 동생들과 두 오빠가 엄마 목소리를 듣고 밖으로 나갔다. 창을 통해 무슨 일인지 내다보니 엄마와 동네 아저씨 한 분이 다투고 계셨다. 밖으로 나간 형제들은 엄마 옆으로 다가가 섰다. 마치 엄마를 보호하려는 모습처럼 보였다. 큰오빠의 목소리가 잠시 들리는가 싶더니 동네 아저씨 목소리도 들렸다. 아저씨의 목소리는 처음보다 훨씬 작고 부드러워졌다. 엄마의 목소리는 의기양양하게 더 커졌다.

몇 마디 오고 간 뒤, 엄마를 선두로 형제들이 우르르 집으로 들어왔다. 엄마도 밝은 모습으로 웃으시며, "웃기는 사람이네, 너희들이 안 내려왔으면 계속 뭐라고 잔소리할 사람이야. 다음부터는 뭐라고 안 하겠지. 너희 넷을 보고 움찔하는 거 봤지?"라고 말했다.

엄마가 마흔다섯 살 되던 해, 아버지가 갑자기 돌아가시고 난 뒤 엄마는 아들을 의지하고 사셨다. 그날도 엄마는 아들 넷이 있어서 든든하다고 말씀하셨다. 남편 없이 혼자 사는데 행여 누가 뭐라고 했다면 서글퍼서 우셨을 텐데 다행이란 생각이 들었다. 하지만 엄마 눈에는 남자인 오빠와 동생들만 보이고, 그들이 최고였다. 엄마에게 섭섭한 마음이 있었지만, 나는 하나밖에 없는 딸로서 엄마를 도우려고 노력했다. 결혼 후에도 친정 문제로 어려움이 없어 남편에게 늘 당당했다. 힘든 일이 닥쳤을 때 서로 돕는 형제들이 자랑스러웠다.

큰오빠는 결혼 후 엄마와 함께 신혼생활을 시작했다. 시간이 흐른 뒤 나머지 형제들도 결혼 후 독립했다. 엄마는 큰오빠의 모든 생활을 도와주려고 애쓰셨다. 서로 위하는 마음이 있었기에 작은 불편감이나 서운함은 문제 되지 않았다. 하지만 세월이 흐르면서 소소한 생활 문제로 시작된 갈등의 골이 깊어졌다. 결국 엄마가 큰오빠로부터 분가해 따로 집을 마련했다. 그런 상황에 딸로서, 같은 여자로서 큰오빠에게 섭섭했고 속상했다. 엄마 편에서 도움을 주려고 노력한 나 또한 소외되었다. 내 안에서 화가 나고 큰오빠의 행동이 옳지 않다는 생각이 들었다.

나는 적극적으로 문제를 해결하려고 나섰다. 오빠들의 생각도 뭔지 알겠고, 엄마의 의견도 충분히 안다고 생각했기에 가족의 문제를 잘 해결하고 싶은 마음뿐이었다. 원가족에 대한 나의 불편한 마음을 보고자 원가족을 세웠다. 나를 포함해 엄마와 형제의 대리인을 세웠다. 나는 형제 서열 중 세 번째 자리에서 벗어나 엄마와 형제들이 잘 보이는 곳으로 움직였다. 내가 이동한 자리는 가장 높은 위치였다. 아무도 나를 바라보지 못했다. 그때 교수님은 대리인 한 명을 추가로 세웠다. 그 사람은 나를 너무나 좋아하고 예뻐하는 듯했다. 그 사람이 내 뒤에 바짝 다가서니 갑자기 어깨에 힘이 들어갔다. 교수님은 그 사람에게 그 자리의 느낌을 물어보았다. 그 사람은 "할머니 같다"라고 말했다. 나를 손녀라 부르며 내가 마음에 든다고 했다. 그리고 내 어깨에 손을 올렸고, 나는 형언할 수 없는 든든한 기운이 전달되는 것을 느꼈다. 그제야 지금껏 내가 조상을 대신해 엄마와 형제들에게 지시하고 있었음을 알아차렸다.

교수님은 나와 조상의 잘못된 연결을 확인하고 분리 작업을 진행했다. 오 남매 중 셋째의 자리, 내 자리로 돌아왔다. 하지만 이 자리에선 엄마의 문제를 해결할 수 없었다. 교수님은 나에게 엄마를 향해 고개를 숙이라고 했다. 그리고 내가 엄마의 딸이라는 사실을 인식하기 위한 문장을 따라 하라고 말씀하셨다. "당신은 나의 엄마이고, 저는 당신의 딸입니다. 감사합니다"라고 말하면서 고개를 숙였다. 그런데 마음으로 받아들여지지 않았다. 그동안 엄마가 형제들만 좋아했다는 생각이 스쳐 지나갔다. 교수님께서 큰 소리로 말씀하셨다. "더 깊이 고개를 숙이세요. 아직도 자기를 모르고 있어요." 당황했다. 마음을 들킨 것 같았다. 형제들은 묵묵히 나를 지켜보고 있었다. 아무도 이해하지 못한 듯 못마땅하게. 답답했다. 엄마에 대한 감사보다 문제를 해결하고 싶은 마음뿐이었다.

갑자기 교수님은 서 있는 나에게 "그 자리에 쪼그려 앉으세요"라고 지시하셨다. 나는 화나고 답답한 상황이었지만 시키는 대로 쪼그려 앉았다. 모두 나를 내려다보았다. 갑자기 나는 위축되고 작아질 대로 작아졌다. 이건 내가 원하는 모습이 아니었다. 서열 높은 자리가 아니더라도 그 누구에게도 기죽지 않는 당당한 모습으로 서 있고 싶었다. 쪼그리고 앉아 있는 내게 어떠냐고 물어보셨다. 말하기 싫고 눈물이 났다. 교수님은 엄마와 형제들에게 "지금 이렇게 쪼그리고 앉아 있는 모습을 보니 어때요?"라고 물어보았다. "지금에서야 딸의 모습이 눈에 들어오네요. 아까 저쪽에 있을 때 딸인지 몰랐어요." 엄마와 오빠들은 이제야 내 모습이 제대로 보인다고 했다. 나는 아무것도 할 수 없는 내가 싫었고, 눈물이 나왔다. 나도 내 위치가 어딘지는 알고 있다. 하지만 아무것도 할 수 없는 내가 마음에 들지 않았다. 교수님은 문제를 해결하려면 가만히 있으라고 했다.

'가족세우기'에서 중요한 법칙 중 하나는 질서의 법칙이다. 나보다 먼저 태어난 사람이 나보다 위에 있다. 내가 나의 자리에 있을 때 얽힘이 일어나지 않고 사랑의 생명이 제대로 흘러간다. 내가 내 자리에 있어야 부모님의 사랑이 나를 통해 나의 아이들에게로 흘러 내려간다. 이후 교수님은 나에게 어떤 변화가 있었냐고 물었다. 아직도 마음속의 불편함이 있다고 말했다. 그리고 팔순이 넘어 홀로 계시는 엄마를 모시고 살아야 할지 고민이라고 했다. 엄마의 운명은 엄마에게 맡기고 딸로서 역할만 하라고 말했다.

나는 엄마 집에 자주 가려고 노력한다. 어렸을 적 추억이나, 엄마가 좋아하는 친척에 대해 이야기를 나눈다. 그리고 엄마가 손

대지 못한 곳을 치우고 정리한다. 엄마는 나를 위해 '엄마표 계란 피자'와 시장 노점에서 산 채소를 손질해 비닐봉지에 담아주셨다. "너희 집에 호박 있니? 이거 갖고 갈래? 팥이 있어서 죽을 끓였는데 한 그릇 갖고 가. 최 서방 줘라." 나는 있어도 없는 척, 무조건 고맙다고 받아 온다. 다 큰 자식이지만 하나라도 더 먹이고 싶고, 주고 싶은 게 엄마의 마음이고 행복인 것 같다.

최근 부쩍 늙으신 엄마의 주름진 얼굴이 떠오른다. 딸을 바라보는 모습이 해맑으시다. 5개월 전인가? '부모세우기'에서 대리인을 통해 듣게 된 엄마의 말이 생각났다. "너에게 미안해." 갑자기 내 눈시울이 뜨거워지며 모든 원망하는 마음이 눈 녹듯 내려앉았다. '엄마, 감사합니다.' 어머니의 운명이 안타깝다고 해서 자녀가 어머니의 몫을 대신할 수는 없다. 힘든 어머니가 안쓰러워 대신하고자 한다면 어머니는 기쁘지 않고 불편해한다. 이러한 행위를 '가족세우기'에서는 '눈먼 사랑'이라고 한다. 자녀는 어머니를 사랑해 어머니의 고통을 대신하려고 하지만 어머니는 그것을 원하지 않기 때문이다. '네가 나를 떠나 너의 삶으로 가면, 내가 기쁘겠다.' 이것이 자식에 대한 어머니의 사랑의 마음이다.

어머니가 주시는 나에 대한 사랑의 마음을 깊이 받아들이고 존경하는 마음으로 치유 언어를 되뇌어본다.

사랑하고 존경하는 어머니.

어머니, 당신은 크시고 저는 작습니다.

어머니, 당신은 생명을 주시고 저는 생명을 받습니다.

어머니, 당신에 대한 기대, 갈망, 소원, 미움, 원망을 내려놓습니다.

당신이 어떻게 사셨든 그 모든 일에 동의합니다.

어머니의 헌신을 사랑으로 받아들입니다. 가슴으로 받아들입니다.

어머니를 존재하는 그대로 내 마음과 영혼에 받아들입니다.

어머니를 있는 그대로, 있었던 그대로 존중합니다.

이제 당신은 저에게서 자유롭습니다.

이제 저는 더 이상 관여하지 않습니다.

이제 저는 어머니의 운명에서 물러섭니다. 감사합니다.

'가족세우기'로 자리를 찾은 가족

- 박진현

늦은 밤, 아들이 남편과 내가 있는 거실로 나왔다. 어릴 적부터 유별났던 아들은 이제 훌쩍 커서 종종 진지한 대화를 할 때가 많다.

첫째 아이를 키우는데 만만치 않았다. 예민했던 아이도 힘이 들었겠지만 나 또한 힘들었다. 아이가 예민하게 굴면 이유도 알 수 없고 불안해서 야단치고 엄하게 굴었다. 나와는 다른 성향의 아이를 키우는 것도, 어미로서의 삶도 처음이기에 서툴렀다. 상담을 공부하며, 특히 '가족세우기'를 통해 나는 많이 달라졌고 그만큼 가족과의 관계도 달라졌다. 그러니 이렇게 첫째 아이와 오순도순 서로의 생각을 듣고 얘기를 나누고 있지 않을까 싶다.

"그런데 언제부터 아빠가 이렇게 대화에 참여하게 되었죠?"

그렇다. 언제부터인가 아이들과 대화를 나누고 있을 때 남편이 자리를 지키고 묵묵히 들어주며 대화에 참여하고 있었다.

"전에는 이 시간이면 TV를 보거나 핸드폰을 보거나 주무셨잖아요?"

예전의 우리 가족의 모습은 그랬다. 할 이야기 있는 아이들은 엄마와 대화하고, 일에 지쳐 들어온 아빠는 늘 피곤해서 잠을 자거나 핸드폰을 보고 있었다. 아이들도 그런 아빠를 당연하다 여겼고 자연스레 아빠와는 속이야기를 나누지 않게 되었다. 그랬던 우리 가족이 언제부터인가 온전히 서로의 이야기에 귀 기울이며 이야기를 나누게 된 것이다.

"아빠가 지금 제 얘기를 듣고 계시니 좋네요. 혹시 이렇게 바뀐 계기가 있었어요?"

아들과 내가 하는 얘기를 가만히 귀담아듣던 남편의 눈이 동그랗게 커졌다. 아들의 질문에 자신도 꽤나 놀랐나 보다. 가만히 생각을 되짚어보더니 말했다.

"음… 엄마와 얘길 많이 하면서 생각이 달라졌어. 너희들이 하는 얘기를 잘 들어야겠다고. 다른 어떤 일보다도 가족이 제일 중요한 것 같아."

"언제부터인가 아빠가 이렇게 함께 대화에 참여하는 것이 놀라웠어요. 예전에는 안 그랬잖아요. 아빠가 변화하는 모습을 보면 저도 변화해야겠다는 생각이 들어요."

가족이 이야기를 나누는 자리에서 자식의 생각을 듣고 있는 모습이나 그런 아빠를 바라보며 놀라워하는 아들의 모습을 보고 있자니 참 행복했다.

우리 가족의 변화는 어떻게 찾아왔을까? 생각해보면 상담 공부를 하면서, 특히 '가족세우기'를 공부하면서 시작되었던 것 같다. 나는 결혼을 하고 아이를 낳아 가정을 이루면 저절로 서로를 사랑하고 위하며 살게 될 것이라 생각했다. 그러나 어느 순간 나는 남편과도 좁힐 수 없는 거리감이 생기고, 아이도 제대로 키우지 못하는 못난 사람이 되어가고 있었다. 우리 가족은 겉으로는 행복하게 보였겠지만 그 속은 외롭고 사랑이 흐르지 않았다. 그것이 나에게는 매우 힘들고 아팠다.

가족보다 일이 우선인 남편에게 나는 늘 불만이었다. 나에게 관심과 사랑을 주지 않는 모습에 서운했고 지쳤다. 더 이상 상처를 입고 싶지 않아 기대를 갖지 않으려고 마음 다잡으며 살았다. 어느새 우리 사이에는 건너지 못할 강이 흐르고 있었다. 시간이 갈수록 나는 더 외로워졌다.

그러다 '가족세우기'에서 본 남편을 보고 마음이 달라졌다. 부모님의 사이가 멀어지는 것과 동시에 장에서 벗어나 도망가는 남편의 모습이 영락없이 초등학생 어린아이 같았다. 시부모님이 자기 자리에 서게 되고 부모님 사이의 얽힘을 해결하니, 웃으며 장으로 들어오던 남편의 얼굴을 잊을 수가 없다. 부모의 관계가 좋지 않으면 그 사이로 들어가서 관계를 좋게 만들려는 자녀가 있는가 하면 불안해서 회피하는 자녀가 있다. 남편은 후자였다. 장에서 본 남편의 모습은 부모의 불화를 온몸으로 느끼는, 불안에 떠는 어린아이였다. 부모의 얽힘이 풀려 사이가 좋아지니 해맑게 웃으며 내 옆자리에 와서 나의 손을 잡은 남편은 어른이 아닌 아이였다. 어린 시절의 남편을 만난 것이다.

예전에 내 기대에 미치지 못하면 그렇게 밉고 싫었던 남편이 그

장을 본 이후로 그저 불안에 떠는 아이로 여겨지기 시작했다. 남편의 얼굴에서 장에서 본 어린아이의 얼굴이 오버랩되며 남편의 불안을 이해하기 시작했다. 남편은 자신의 불안을 회피로 반응하고, 냉소적인 말로 표현한 것이었다. 어린 시절 부모에게 했던 그대로 나와의 관계에서도 반복했다는 것을 알게 되었다. 그럴 때면 남편에게 화가 나기보다는 측은한 마음이 커져 불안한 아이에게 위로의 손길을 주듯 남편의 팔에 손을 얹거나 자는 얼굴을 쓰다듬으며 안쓰러운 마음에 조용히 긴 숨을 내쉬게 되었다.

가족은 모빌처럼 서로에게 영향을 준다고 하였다. 이런 내 마음의 변화가 남편에게도 영향을 주었다. 남편은 자신이 감정이 없다고 늘 얘기했다. 그러면서 나를 너무 감정에 휘둘리는 사람으로 취급했다. 그랬던 남편이 달라지기 시작했다. 나의 이야기에 눈을 맞추며 귀 기울이고 자신의 마음을 털어놓기도 하였다. 어느 날 가족회의를 한다고 아이들을 불러 모았다.

"아빠가 그동안 너희들에게 미안하게 한 것이 있다면 용서해줘. 아빠는 우리 아버지를 보며 자랐어. 아버지는 자식들과 많은 얘길 하지 않았어. 그냥 늘 일하고, 기도하고, 필요한 말 이외에는 하질 않으셨어. 그래서 나도 그렇게 하는 것으로 알았어. 사실 나는 아버지보다 너희들에게 잘하고 있다고 생각하기도 했어. 그런데 내가 너무 무심해서 너희들이 상처받았다고 얘길 하니 이해가 되질 않았어. 그래도 아빠가 너희에게 상처를 줬다면 미안해. 이건 진심인데 너희를 사랑하지 않아서 그런 건 절대 아니야. 아빠가 못 배워서 그래. 앞으로 노력할게."

목이 메 이야기를 하던 남편이 왜 이런 얘기가 나왔지 하며 멋쩍게 웃었다. 얘기를 듣던 아이들은 아빠의 진심이 전해졌는지 다들한 마디씩 고맙다며 답을 했다. 첫째 아들은 아빠의 얘길 듣고 눈물을 글썽이며 아빠가 노력하시겠다고 해줘서 고맙다며 말을 잇지못했다. '가족세우기' 과정에서 처음 우리 가족을 보았던 장면이 떠올랐다. 아빠가 일에만 몰두할수록 아이는 성장하지 못하고 주저앉았다. 이제 아빠가 자신들을 보며 사과하고 함께 노력하자고 하니 아이는 가슴으로 그 얘길 받아들이고 얼었던 마음이 녹아 사랑이 흐르는 것이 느껴졌다.

가족세우기 전문가 과정 2년이 지난 시점에 제주도에서 열린 '가족세우기' 워크숍에 참여했다. 나는 다시 우리 가족을 세워보았다. 그곳에 모인 선생님들은 우리 가정의 변화를 잘 몰랐고 일부러 아무 말도 하지 않고 그냥 '가족세우기'를 했다.

장은 놀랍게 변해 있었다. 남편 뒤에 일을 세웠는데도 남편은 가족을 보고 있었다. 일보다는 가족을 보고 싶다고 하였다. 아이들은 가정에서 안정감을 찾고 제 할 일인 공부를 하려고 일렬로 섰다. 불안함은 없다고 하였다. 뿌리인 부부가 자기 자리를 찾아 질서를 바로 세우니 가족 간에 사랑이 흐르고 있었다. 그 사랑이 자녀들에게 닿아서 저들도 모르는 불안과 방황을 끝내고 성장을 위해 애를 쓰는 모습으로 바뀌어 있었다. 우리 가족의 역동이 고스란히 드러난 장을 보며 정말 감사했다.

변화의 첫 단추는 세우기 장에서 본 남편의 어린아이 얼굴이었다. '가족세우기'는 여타 상담과는 달리 많은 말이 필요 없다. 머리로 이해하는 것이 아니라 장에서 직접 오감으로 경험하는 것이다. 그 경험의 힘은 놀라웠다. 남편의 어린 모습이 사진처럼 내 마음에 새겨졌다.

존재하는 그대로

- 서순자

아직도 어둠이 채 가시지 않은 어둑어둑한 길을 걷는다. 추운 한겨울 아침이지만 기분만은 상큼하다. 동대구행 무궁화 열차에 몸을 실었다. KTX가 생긴 후로 무궁화 열차를 타본 지 10년은 족히 넘은 듯하다. 오늘은 상담소 일을 아예 접고 일찍 출발했다. 여유롭게 열차 여행을 즐겨야겠다고 생각했다. 자주 없는 무궁화 열차 시간을 맞추기 위해 일찍 길을 나선 것이다. 차비는 반값도 안 된다. 이것도 신나는 일이다. 물론 시간은 두 배로 걸린다. 그러나 열차 안에서 나만의 시간을 두 배로 벌었다고 생각하니 그것도 좋았다.

일거양득에 살짝 흥분된 나에게는 차가운 아침 공기가 상큼하게 다가올 수밖에 없었을 게다. 기차 안에서 노트를 꺼내어 작가가 된 양 몇 자 적는다. 이따금 고개를 들어 창밖을 바라본다. 창밖으로 보이는 산과 들이 내게 평화로움을 선물한다.

"서류 작업이 너무 힘들어요. 일하는 것보다 서류 준비하는 게 더 힘들어요."

둘째 열이가 사업을 한단다. 형 별이가 대학 4학년 때 사업을 하겠다고 했다. 엄마도 모르게 이미 사업자도 내고 사업장도 구해놓고 있었다. 직장 생활이라도 해보고 하라고, 사업자까지 낸 아들을 말리고 또 말렸다.

별이가 사업할 마음을 접고 직장인이 되어 한시름 놓았다. 이번엔 둘째 열이가 사업을 하겠단다. 형은 적극 찬성했다. 본인이 하지 못한 사업을 동생이 하겠다니까 아주 적극적으로 찬성하고 밀어줬다. 엄마의 만류로 하지 못한 걸 동생을 통해 이루고 싶은 욕망이 별이에게서 보였다.

많고 많은 사업 중 술장사를 한단다. 그것도 그냥 파는 것이 아니라 술 제조하는 양조장을 하겠단다. 지금 엄마로서 내가 할 수 있는 것은 아이를 위한 기도밖에 없다.

'너희들이 평온하기를….'

내 옆에서 대학을 다닌 열이는 졸업 때까지 술도 한잔 제대로 못 마시는 아이였다. 양조장이란 말에 놀랐지만 말릴 수 없었다. 엄마를 떠나 형과 함께 지내면서 형의 적극적인 후원으로 본인이 하고 싶은 빵도 만들어보고, 아르바이트도 해보더니 결국 정착한 것이 술을 만드는 일인가 보다. 어느새 술 만드는 대회까지 나가서 상도 여러 장 받아놓았다. 엄마 모르게 나름대로 실력을 많이 키웠나 보다. 어릴 때 입맛이 하도 예민해서 와인 감별사를 해도 잘하겠다는 생각을 언뜻 한 기억이 떠오른다.

본인은 양조업의 장인이 되고 싶단다. 돈을 버는 일과 거리가 멀 겠다는 생각이 스친다. 걱정스러운 생각이 떠올랐지만 이내 곧 패 스했다. 지금의 나도 돈 버는 일과 거리가 먼 가정폭력상담소 일을 하고 있으니 말이다. 잘나가던 과학 기자재 사업장을 버리고, 마음 이 아픈 내담자들과의 만남을 하고 있다. 아이들은 엄마가 사업을 하셨으면 엄청나게 잘했을 거라면서 지금 내가 하는 일을 반대했 다. 수입 없는 일 좀 그만하고, 차라리 놀러 다니라고 하곤 했다.

열이는 넉 달째 혼자서 인테리어 공사 중이다. 목수 일부터 기 자재 설치까지 모두 직접 배워가며 하고 있다. 시간이 오래 걸리고 있다. 주변에서 적잖이 걱정들을 한다. 요즘 같은 세상에 장사도 잘 안되는데 저렇게 투자해서 어쩔까 싶어서다. 나는 자주 가보지 않는다. 하지만 불쑥불쑥 불안이 올라오기도 한다. 그렇다고 내가 가서 본들 도와줄 수 있는 일도 없고, 걱정한다고 꺼낸 말이 섣부 른 충고가 될까 싶어서다. 열이는 중간보고용으로 그날의 진행 상 황을 사진과 카톡으로 보내오곤 한다.

'오늘은 바닥 작업을 하다가 시멘트 비율 때문에 고생했어요.'

'오늘은 방수 처리하는데 냄새가 많이 나서 2층에서 항의가 들어 와 사람들이 퇴근한 밤중에 가서 작업하고 환기하고 와야 해요.'

'오늘은 문짝 작업하는데 혼자서 균형을 맞추느라 고생 좀 했어 요. 그런대로 잘 나오고 있네요.'

'오늘은 우리 가게에 적합한 증류 중고 기계가 나왔길래 바로 구 매해서 들여왔어요.'

'홍보를 위해 엄마를 스카우트할게요. 엄마가 우리 회사 모델 하면 잘 어울릴 것 같아요' 하면서 나에게 웃음을 주기도 한다.

내가 저를 걱정하는 게 살짝 드러났나 보다. 형 별이는 엄마가 공부한다고 돈 쓰며 여기저기 다니는 거나, 지금 열이가 사업한다고 들어가는 돈이나 별반 다를 게 없다고 말한다. 열이는 지금 '산 공부'를 하고 있다며, 성공하면 대박이고 혹여 실패한다 해도 다 남는 장사라며 너스레를 떨기도 한다.

형 별이도 속으론 걱정이 될 것이다. 그럼에도 아빠보다 더 자상하게, 때론 까칠하게 충고하면서도 동생 옆에서 열렬히 지지해주고 있다. 열이는 참 복도 많다고 말해주곤 한다. 이제 어느 정도 공장이 갖추어져 가고 있다. 다음 달이면 직접 제조한 술이 나올 것 같다.

연구소에서 연구원 생활을 잘하던 남편이 갑자기 사업을 하겠다고 했다. 내가 본 남편은 사업하고는 거리가 아주 먼 사람이었다. 사업을 하면 이혼하겠다고까지 협박했지만, 남편은 연구소 생활을 그만두고 사업을 시작했다. 그때 우리 아이들이 세 살, 네 살이었다.

"한 3개월만 해볼게. 안되면 바로 직장 들어갈게." 3개월이 지났다.

"아, 그래도 사업은 1년을 해 봐야 알지, 3개월 동안은 준비 작업만 했어." 1년을 해도 큰 성과는 없었다.

"이제 시작했으니, 조금만 기다려봐. 사업은 최소 3년은 해봐야 가능성을 알 수 있어."

이렇게 계속 연장하던 사업을 결국 평생 업으로 가져온 남편이었다. 아무리 바빠도 주말은 거의 가족과 지내려고 노력했다. 하지만 늘 핸드폰을 들고 있었으며 머릿속은 쉴 틈이 없어 보였다. 남편의 사업은 순조롭게 잘 성장했다. 사업은 성공했지만, 쉴 틈이 없던 남편은 늘 피곤에 지쳐 자기를 위한 시간을 전혀 갖지 못했다. 그런 남편을 보면서 아이들은 사업을 하지 않고 안전한 직장 생활을 하기를 바랐다. 휴일에는 일에서 벗어나 자신과 가족을 돌보며 편히 쉬기를 바라는 마음이 컸다.

'삶은 응급 상황이 아니다.'
알렉산더 테크닉을 공부하던 중 도반들과 책을 읽고 나눈 이야기가 떠오른다.
'열이는 지금 시간을 낭비하는 것이 아니라, 시간을 순간순간 즐기며 현재의 삶을 살아가고 있다'라고 나에게 말한다.
아이들이 아빠와는 다른 삶을 선택하기를 바랐다. 그러나 나는 아이가 아빠의 삶을 존중하며 받아들일 때 힘을 가지고 세상을 살아가게 된다는 것을 '가족세우기'를 통해 알게 되었다. '가족세우기'의 치유 문장을 되새기며 아이들을 응원한다.
'그래. 네가 하고 싶은 대로 하고 살아도 된다.'
'너도 아빠처럼 사업을 해도 된다.'
'네가 아빠처럼 산다면 나도 기쁠 것이다.'
혼자 중얼거리고 나니 불안과 조급함이 사라진다. 제 삶을 살면서 즐기고 있는 그 아이의 행복감이 느껴진다. 그 모습 그대로 인정하니 내가 편안해진다.

진짜 엄마가 되다

- 임성희

　세상·모든 엄마의 등은 넓고 크다. 그 넓이와 깊이를 알아가면서 진짜 엄마가 되어간다. 생명의 소중함을 알고 그것을 사랑으로 감싸줄 수 있는 엄마가 되어간다.

　아픈 아버지가 나에게 주고 싶었지만 못 준 밭. 어린 시절 길러주신 엄마와 함께 힘들게 일군 밭. 엄마가 직접 낳은 딸에게만 명의를 이전해준 밭을 갖고 싶다는 욕심을 내려놓으려고 '가족세우기'에 참석했다. 밭과 아버지, 길러주신 엄마, 낳아주신 엄마를 대리인으로 세우고 나는 직접 섰다. 밭 대리인과 낳아주신 엄마 대리인이 붙어 서 있었다. 마치 하나처럼 보였다. 눈물이 났다. 나는 아버지와 길러주신 엄마, 낳아주신 엄마 대리인을 바라보았다. 가족과 함께하고 싶었다. '낳아주셔서, 키워주셔서 감사합니다' 하면서 큰절을 올렸다. 발걸음이 떨어지지 않았지만, 천천히 발이 옆으로 돌려졌다. 멀리 산이 보였다. 마음이 편안했다. 내가 바라보는 산

쪽에는 남편과 아이들이 있었다. 웃으면서 오라고 손짓하고 있었다. 저곳이 내가 있어야 하고, 함께 해야 할 곳이라는 것을 알았다. 그렇게 밭에 대한 '가족세우기'는 막을 내렸다.

얼마 전 언니는 나에게 밭을 사라고 했다. 한 덩어리인 밭을 반으로 갈라서 길이 있는 땅은 두고, 길이 없는 땅만 사라고 했다. 내가 그토록 갖고 싶었던 밭이라 고민을 했다. 남편은 길이 없으면 농사를 지을 때 농기계도 들어가지 못한다며 사지 말라고 했다. 나는 엄마 집을 중심으로 밭을 반으로 가르면 언니는 엄마 집을 거쳐 밭으로 들어갈 수 있고, 나도 길을 따라 밭으로 갈 수 있다고 했다. 그러니 길이 있는 밭을 달라고 했다. 언니는 단번에 거절했다. 나는 엄마에게 언니 좀 설득해달라고 부탁했다. 엄마는 힘이 없다며, 밭이 언니 명의라 어쩔 수 없다고 말했다.

"성희도 엄마 가까이에서 농사짓고 살면 좋은데, 이것밖에 줄 게 없구나."

엄마는 모아 두었던 천만 원을 주시며 미안하다고 했다. 난 엄마에게 큰절을 올렸다.

"이것만으로도 충분합니다. 키워주셔서 감사합니다."

엄마와 나는 애처로운 듯 서로의 눈을 보며 손을 잡고 한참을 울었다.

'가족세우기'에서 현재의 가족을 세웠다. 나와 남편 대리인이 서고, 유산한 아이 둘과 큰아들, 작은아들 대리인을 세웠다. 남편 대리인과 나는 아이 대리인들에게 말했다.

"엄마 아빠는 엄마 아빠의 삶을 살고, 너희들은 너희들의 삶을 살아라."

유산한 아이들 대리인과 큰아들 대리인, 작은아들 대리인에게 차례대로 말했다.

"첫째야, 너는 첫째다. 둘째야, 너는 둘째다. 동선아, 너는 셋째다. 셋째로의 삶을 살아라. 우선아, 너는 넷째다. 넷째로의 삶을 살아라" 말했다.

남편 대리인은 나를 바라보면서 "당신의 남편으로서 당신을 존중하고 사랑합니다." 말했다.

나는 남편 대리인을 보면서 "나는 당신의 아내로서 당신을 존중하고 사랑합니다." 말했다. 남편 대리인과 나는 손을 잡고, 네 아이의 대리인들을 바라본다. 아이 대리인들은 각자의 자리에 서 있다.

동선이와 우선이는 20대다. 치열하게 자신의 삶을 살아가고 있다. 동선이가 식품영양학과를 다니면서 제일 처음 도전한 자격증이 한식조리사였다. 이론 시험은 한 번에 붙었는데 실기 시험에서 매번 떨어졌다. 한 번은 음식 조리를 하는 시간이 넘어서, 또 한 번은 넣어야 할 재료를 안 넣어서 자꾸만 떨어졌다. 그러다가 1년 반이 넘어, 2년이 다 되어갈 때쯤 결국 자격증을 취득했다.

저녁 식사를 하는 자리에서 자격증은 어떻게 되었는지 물었다. "땄다"라고 대답했다. 잘못 들은 줄 알았다. 자격증 땄다며 동선이는 무덤덤하게 말했다. 순간 눈물이 한꺼번에 올라왔다. 밥 먹던 숟가락을 놓고 벌떡 일어났다. "잘했다. 우리 아들 고생했다. 애썼다" 하면서 꼭 안아주었다.

동선이에게 힘들면 한식조리사 자격증 따는 것을 포기하라고 한 적이 있다. 새벽같이 일어나 아침도 못 먹고 천안으로, 예산으로, 당진으로, 대전으로 가는 모습이 안쓰러웠다. 동선이는 또다시 다른 자격증을 따기 위해 준비하고 있다. 학과 공부를 하는 틈틈이 자격증을 공부하는 모습이 대견해 보인다. 포기하지 않고 자신의 길을 가고 있다.

우선이는 고집이 세다. 작년까지 두 번의 수능 시험을 쳤다. 원하는 점수가 나오지 않았다. 올해는 일단 대학에 들어가고 반수를 하면서 수능 시험을 다시 보겠다고 했다. 자신이 원하는 의과대학에 진학하기 위해서란다. 올해에도 원하던 성적이 안 나오면 다니던 대학교를 마저 다니겠다고 약속했다.

아이랑 진로를 가지고 부딪히기 시작한 것은 고등학교 들어갈 때부터였다. 도시에 있는 명문 기숙 고등학교에 진학하겠다고 하여 남편과 나는 말렸다. 공부하기 힘들 것이라고 했다. 하지만 아이는 고집을 부렸고, 결국 그 학교에 갔다. 3년 동안 정말 열심히 공부만 했단다. 다른 아이들의 성적을 따라가기 위해 방학 때는 과외를 받았다. 우선이는 쉬는 시간에도 공부했고, 잠도 줄였다고 했다. 얼마나 열심히 살았는지 우린 보았다. 그렇게 막내인 우선이도 자신의 삶을 살기 위해 치열하게 노력하고 있다.

남편은 여전히 술을 마신다. 저녁을 먹으면서 소주 한잔 마시면 오늘 있었던 이야기, 사무실 이야기, 그리고 아이들 이야기와 미래의 며느리와 손자, 손녀에 관한 이야기와 건강하게 오래 살자는 이야기까지 남편의 이야기는 끝이 없다.

나는 "몸 상하니 술 좀 그만 마셔라" 잔소리한다. 그러면 남편은 화가 났느냐며 나를 웃기기 위해 움직이지도 않는 몸을 흔들며 춤을 춘다. 브레이크 댄스 같기도 하고 훌라 댄스 같기도 한 그 몸짓이 너무 웃겨 결국 웃고 만다.

엄마는 여전히 나를 부른다. 무엇인가를 주기 위해, 그리고 무엇인가를 부탁하기 위해서다. 엄마가 불러도 이제는 겁나지 않는다. '엄마가 또 내가 보고 싶은가 보다'라는 생각이 든다. 엄마를 위해 좋아하는 옛날 간식과 반찬, 그리고 삼겹살을 사서 엄마가 계신 시골집으로 간다. 엄마는 벌써 나에게 주기 위해 냉이부터 배추, 무 등 반찬 재료들을 담아놓고 있다. 나를 먹이기 위해 빵을 쪄놓거나 떡이나 간식 같은 것을 내어놓는다. 그리고 아랫집 아줌마 이야기, 윗집의 음식 솜씨 좋은 아저씨 이야기부터 동네 사람들 이야기들을 한다. 난 간식을 먹으면서 엄마 이야기를 듣는다. 아는 분 이야기가 나오면 물어보기도 한다. 그러다가 이제 간다고 일어나면 엄마는 늘 문밖까지 나온다. 춥다고 나오지 말라고 말하면, 엄마는 괜찮다고 한다. 난 창문을 내리고 엄마에게 손을 흔들고 엄마도 한참을 흔든다. 그리고 엄마는 차가 보이지 않을 때까지 문밖에 앉아 있다.

지금은 마음이 편안하다. 엄마가 주시는 사랑을 맘껏 받고 있다. 그 사랑을 가족에게, 학교에서 아이들에게 전해주고 있다.

"당신은 주시고 저는 받습니다. 제가 받은 사랑을 다시 전합니다." '가족세우기'의 이 문장처럼 엄마는 사랑으로 생명을 보듬으셨다. 나 또한 생명을 지키고, 키워내는 진짜 엄마가 되어간다. 엄마가 주신 사랑 잘 이어받아 곱게 키워갈 것이다.

어깨에 뽕이 가득

– 임효정

그동안 코로나 팬데믹으로 온라인 졸업식과 온라인 입학식이 익숙했는데 이제 코로나 팬데믹은 끝났다. 오랜만에 딸아이의 졸업식에 참석하려니 가족 모두 설레고 들뜬 모습이 역력하다. 함박눈이 내리고 꽃다발 노점들이 부산하게 들어서 있다. 졸업식에 참석한 사람들이 강당의 크기에 비해 너무 많다. 사람들이 강당에 서있을 자리를 찾지 못할 정도로 붐빈다. 강당 중앙에 100개 정도의 의자가 졸업생 뒤로 줄지어 놓여 있지만 자리는 진작에 찼다. 나이가 많으신 분들이 주로 앉으셨다.

한 할머니가 의자가 놓인 구역 가운데로 가더니 중간에 우뚝 멈춰 선다. 그러더니 앞 의자에 몸을 기댄다. 그 할머니 바로 뒤에 앉으신 또 다른 할머니는 앞이 가려져 영문을 모르겠다는 표정이다. 우뚝 멈춰 선 할머니 뒤에 많은 사람이 안 보이는 듯 고개를 이리저리 움직인다. 시야를 확보하려고 애를 쓰는데 잘 안되나 보다.

예상치 못한 할머니의 우뚝 멈춤에 당황한 기색이다. 서 있던 할머니는 앞사람들이 자리를 이동하면서 당신의 시야를 가릴 때마다 삿대질하며 크게 소리친다.

"비켜요! 비켜! 안 보이잖아! 사람들이 남 생각을 안 하네. 정말."

할머니의 큰 목소리가 강당에 울려 퍼진다. 할머니 뒤에서 당황했던 뒷사람들은 킥킥 웃음으로 넘긴다.

나는 그 할머니의 앞모습을 상상한다. 목격하지 못한 할머니의 얼굴은 어떤 얼굴이었을까? 나와는 아주 다른 얼굴일까?

우쭐대던 마음이 떠오른다. 글로 옮기려니 쑥스러운 웃음이 피식 피어난다.

2016년 가을날, 친구와 오랜만에 만났다. 반가운 수다가 이어지다가 친구와 내가 잘 아는 A의 얘기가 자연스럽게 나왔다. A에 대해서 '나와 동종 직업인 심리상담사로서 자격이 있네, 없네'를 두고 따지고 있었다. 나는 A에게 불편한 마음이 있었다. A의 행실에 대해서 비난했다. A는 상담사로 일하면서 상담하다 만난 사람들과의 이런저런 소문이 자자했다. 나는 신이 난 사람처럼 떠들어댔다. 한참 신이 나던 참에 맞은편에서 맥주를 홀짝이던 친구가 내게 말했다.

"너는 A랑 크게 다른 사람이냐?"

나는 당황했다.

"지금 뭐라는 거야, 내 얘기가 왜 나와? 네가 보기에 내가 A랑 같아?"

이런 생각이 미치자 어이가 없어졌다.

"아니, 신이 난 것 같아서. 마치 너는 A랑 다르다고 선 긋는 것 같아."

친구가 말했다.

"다르지는 않지, 그렇지만 A의 행동은 잘못이잖아. 지켜야 하는 것들이 있잖아. 윤리, 도덕이랑."

나는 난데없이 '도덕'이라는 잣대를 끌어 왔다.

"흠."

친구가 기가 찬 건지, 실망한 건지 알 수 없었다. 말이 없었으니까. 발언 시간이 충분해진 나는 신랄하게 A를 비난했다. 도덕이라는 잣대로 심판하니까 상대적으로 나는 옳은 사람이 되는 것 같았다. 나는 자격이 있는 사람이고 A는 나쁜 사람처럼 느껴졌다. 그런 평가와 비난이 재미있었다.

순간 갑자기 소름이 끼치고 화들짝 놀라서 얼어버렸다. 내 턱이 올라가고 어깨가 펴지고 어깨에 뽕이 가득 찬 몸이 느껴졌기 때문이다. 이유 없이 당당해진 것이 아닌가. 나는 그저 A를 비난만 했는데 말이다. 종종 '가족세우기'에서 대리인(대역) 경험에서 체험한 바로 그 느낌이다! 배를 내밀고 턱을 들고 있는 이 몸의 느낌. 대리인으로 서서 마주한 어떤 사람을 터부시했을 때의 느낌이다. 사람을 평가할 때의 느낌이다! 대리인으로 이런 몸의 느낌이 들 때는 오로지 내 생각만 옳고 중요했다. 아무리 봐도 내 앞의 상대는 중요하지 않았다. 상대가 어떤지 상관없었다. 내가 보고자 하는 바와 다른 건 관심 없었다. 어깨 뽕을 제 것으로 착각한 모습은 가관이다. 말이 안 통하는 모습이었다. 일방적이고 말이 안 통하는 사람과 대면한 상대방의 얼굴은 대게 일그러진 표정을 짓고 뒷걸음질을 친다. 보고 싶지 않아 하는 마음에 거리를 두고픈 얼굴이다. 지금 내 앞에 친구 얼굴이 아닌가!

부끄러움이 몰려왔다. 창피해서 얼굴이 빨갛게 달아올랐다. 정신을 차리고 보니 내가 횡설수설했노라고, 헛소리였다며 넘어가자고 친구에게 말하고 싶었다. 그리고 A에게 미안해졌다. 내가 A에대해서 왈가불가할 일이 아니었다. 그리고 A는 제 삶에서 이미 수난을 겪고 있었다. 나라고 뭐가 크게 다르겠는가. 내가 착각 중인 두 가지 중요한 것이 있다.

첫째, 타인은 내가 생각하는 존재가 아니라는 것.

둘째, 평가와 착각으로 버무려진 생각에 갇힌 사람은 그 사실을 스스로 자각하지 못한다는 것.

'가족세우기'를 통해서 사람과 사람 사이에 미치는 영향을 경험했다. 많은 이들이 알게 모르게 저마다 상처받았고, 상처를 주었다. 실수와 사건과 상처로 얽혀졌다. 아는 체하는 사람은 다른 사람을 알려고 하지 않는다. 평가를 반복한다.

한 사람이 시작한 변화는 가족 구성원과 가족 체계를 변화시킨다. 나는 평가와 착각에 버무려진 생각에 곧잘 빠져 있다가도 때때로 떨어져서 내 생각과 관계를 바라본다. 생각에 갇힐 때, '가족세우기'의 생생한 배움이 나를 정신 차리게 한다. 인간의 행복과 불행은 가족과 많은 것을 동반한다. 인간은 부모를 만나고 형제를 만나서 첫 관계를 경험한다. 처음으로 관계를 배운다. 언젠가는 모두 죽음을 맞이하는 우리네 인생에서 자신의 운명에 순응하면서 스스로가 창조하는 삶을 살면 좋겠다. 자신을 돌아보는 길은 여러 길이 있다. 그중에 하나, '가족세우기'를 통해서도 가능하다. 그저 마음을 열고 귀를 기울이면 된다. 눈을 감으니, 진실을 마주하는 용기가 솟아난다. 귓가에 목소리가 들린다.

"자, 가족을 세우세요."

가족세우기 인도자의 삶

- 조남희

'가족세우기' 창시자이신 버트 헬링거 선생님이 한국에 오셔서 (2006년 4월 14~16일) 여의도 전경련회관에서 가족세우기 워크숍을 열어주셨습니다. '영이 함께하는 한국 가족세우기'란 타이틀로 부부 갈등(이혼, 재혼, 사별, 동성 결혼) 중증 질환자(암, 각종 질환), 뇌성마비, 자폐증, 근육수축(루게릭) 등 희귀병 환자, 만성 정신 질환자, 각종 중독자들을 대상으로 미리 신청을 받았습니다. 일반 심리상담사들이 다룰 수 없는 어려운 사례들을 초청장에 말씀하신 것만으로도 임상가로서 헬링거 선생님의 위대함이 증명되었다고 생각합니다.

전문가 과정 수련 중이던 저는 다른 선생님들과 마찬가지로 대역 봉사자로 참석을 했습니다. 제가 만난 헬링거 선생님은 아주 인자하신 이웃집 할아버지 모습이셨습니다. 가장 특별한 것은 말씨였습니다. 걸음걸이와 행동 모두 아주 천천히 느리게 하신다는 점이었습니다.

"아! 세계적인 석학은 느림 철학이 있으시구나!" 감탄하며 존경하게 되었습니다.

마지막 날, 신청자들 순서대로 진행하시던 선생님께서 갑자기 "어느 분이 나와 함께 일하시겠습니까? 손을 들고 계세요. 제가 봐야 합니다." "저기 저 사람, 초록색 옷을 입은 사람. 올라오세요. 의뢰인을 선택할 때 심각한가 아닌가 알아야 합니다. 얼굴에 나타납니다"라고 하시며 관찰자로 앉아 있던 저를 지목하셨습니다. 부름을 받고 단상으로 올라가서 의뢰인 자리인 헬링거 선생님 옆에 앉았습니다.

"어제 한국 전쟁 장면에서 온몸에 통증이 오고 공포를 느꼈습니다. 일찍 죽을까 두렵습니다"라고 말씀드렸습니다. 헬링거 선생님께서 제 발아래 대역 한 분을 눕혔습니다. 그런 뒤 한참을 침묵하시고 제 눈을 바라보시더니 "당신은 누구를 죽였습니까?"라고 물어보셨습니다.

"내 아이. 내 아이를 죽였습니다!" 떨리는 목소리로 낙태 경험을 고백했습니다. 이때 대역이 양손을 주먹을 쥐고 하늘을 향해 올렸습니다. 그 당시 밤에 잠을 자다가 양손에 쥐가 나서 놀라서 깨곤 하였습니다. 눕혀진 대역이 유산시킨 제 아이라는 것을 깨달았습니다. 정신을 차리고 후들후들 떨리는 발걸음으로 대역에게 다가가서 손으로 양손을 쓰다듬었습니다. 대역의 꼭 쥔 두 손이 풀어지고 평안한 상태로 변하였습니다. 헬링거 선생님은 관중들에게 "공포를 가지고도 죽은 사람을 살릴 수 없습니다"라고 하셨습니다. 그리고 저를 바라보시면서 자애로운 미소를 지으시며 "이제 선생님은 작아졌습니다"라고 말씀하셨습니다.

대역 자원봉사를 갔다가 헬링거 선생님께 직접 치유받는 큰 은혜를 입었습니다. 가족세우기 장이 끝난 후 손 저림 증상은 씻은 듯 사라졌습니다. '가족세우기' 치유 효과는 참으로 놀랍습니다. 때론 치유 효과가 그 즉시 나타나고, 시간이 걸려서 회복되기도 합니다.

그 후 2008년 5월 헬링거 선생님께서 다시 한국에 오셨을 때 '한국 가족세우기'의 모든 장면을 축어록 형식으로 기록하여 한국 가정을 위한 심리치료 현장 기록 『한국이 울었습니다』 책을 출판하였습니다. 책에 대한 판권은 헬링거 선생님께서 박이호 선생님을 통하여 주시고 제 책에 친필 사인까지 해주셨습니다.

책 서문에 '우리 자녀들의 질병, 장애, 아픔, 고통은 모두 부모님에 대한 또 다른 방식의 사랑입니다'라고 기록하였습니다. 헬링거 선생님의 '영이 이끄는 가족세우기' 치유 장면을 경험한 결론입니다.

"전문가들끼리 가족세우기 치유 그룹을 만들면 좋겠는데…."

전문 과정 이수 후 '가족세우기' 현장에서 만난 동료들과 대전 지역을 중심으로 한 달에 한 번씩 '가족세우기' 프로그램을 진행하였습니다. 자기 성장 그룹 형태로 돌아가면서 인도자, 의뢰인, 참관자, 대역으로 참가하였습니다. 그때그때 수많은 주제를 다루었습니다. '가족세우기'를 통해 치유받으면서 가장 큰 변화는, 나 자신과 가족들에 대한 부정적인 생각이 변하게 된 것입니다. 원망, 불평, 불만의 대상이었던 원가족 아버지에 대한 감정이 생명을 주신 존경심으로 바뀌었습니다. 있었던 그대로 상처를 수용하게 되었습니다. 현 가족 남편과 두 아들을 행위가 아닌 존재로, 있는 그대로 받아들이게 되었습니다. 나 자신도 사랑하게 되었습니다. 제가 달라지니 가족관계도 변화되었습니다. 화목한 가정이 되었습니다.

'가족세우기'의 위대한 문장입니다.

"부모님. 당신들은 크시고 저는 작습니다. 사신 그대로 존중합니다(부모님)."

"여보! 당신을 고치려 하지 않고 있는 그대로 존중하며 사랑합니다(부부)."

"정한아, 요한아! 내 아들로 태어나줘서 고맙다. 생긴 그대로 너희들을 사랑한다(자녀들)."

위의 문장은 아직도 수련 중입니다. 남편과 자식들에게 사랑과 증오의 양가감정이 오락가락합니다. 천만다행히 상대방을 탓하지 않고 자신을 반성하며 자아 성찰하면서 전보다 훨씬 가족관계가 편안해졌습니다.

2022년부터 본격적으로 '가족세우기' 인도자로 삶을 시작하게 되었습니다. '가족세우기'를 통해 받았던 치유 경험을 한마디로 정의하면 '가족세우기와 함께 한 삶은 기적이다'라고 생각해서 '가족세우기' 앞에 기적이란 형용사를 붙여서 '미라클가족세우기'라 브랜딩하였습니다. 2022년 8월 22일에 지리산에서 일반인들 대상으로 가족세우기 장을 열었습니다. 10월에는 특허청에 산업재산권

등록도 마쳤습니다.

후배의 권면으로 '가족세우기'에 갔다가 박이호 선생님을 만나 이렇게 전문가 과정을 하게 되었습니다. 가족세우기 창시자이신 헬링거 선생님께 치유 현장에서 직접 치료도 받고 '한국 가족세우기' 책도 출판하였습니다. '가족세우기' 인도자로 살아가는 삶은 보람되고 뿌듯합니다. 한 번도 '가족세우기' 인도자로 살게 될 것을 생각해본 적 없기에 이 모든 것이 제 뜻 아닌 신의 섭리요, 인도하심이라 생각합니다. 지금 여기에서 건강하고 행복하고 성공적인 삶을 사는 것은 하나님 은혜요, '가족세우기' 덕분입니다.

좋아하는 성경 말씀 잠언 16장 9절이 인생 교훈입니다.

'사람이 마음으로 자기 길을 계획할지라도, 그의 발걸음을 인도하시는 이는 여호와시라.'

엄마와 1박 2일

- 조왕신

2023년 12월 26일, 엄마에게 전화했다.

"엄마, 바다에 가요. 따뜻한 옷 챙기고 산소호흡기도 가져가고. 30일 아침 일찍 엄마 집으로 가서 엄마 모시고 갈게. 하룻밤만이라도 다녀오게요."

"지금 온다고? 야야, 추운데 나 때문에 일부러 오지 마라. 잘 먹고 있다."

엄마는 내 말과 관계없이 여전히 엉뚱한 당신 말씀만 하신다. 몇 마디 하시고 "알았다" 하시면 통화 끝. 엄마는 양쪽 귀에 보청기를 끼고 계신다.

얼굴을 바라보며 또박또박 얘기하면 알아듣는데, 전화로는 영 의사소통이 되질 않는다. 엄마하고 전화 끊고서 다시 엄마 돌봐주시는 요양보호사에게 전화한다. 그래야 소통이 된다.

"우리 유민이 결혼식에 예쁘게 한복 차려입고 갈 거야" 하시며 내 딸의 결혼식을 기다리던 엄마. 휠체어를 타고라도 손녀 결혼식에 오시겠다던 엄마는 유민이 결혼식 대신 중환자실로 들어가셨다.

2021년 12월은 코로나19로 병원에 입원하면 보호자도 못 만나고 격리되는 암울한 시절이었다. 엄마의 병증이 아버지가 돌아가실 때 증상하고 매우 비슷해서 덜컥 겁이 났다. 중환자실에서 입원실로 옮기자마자 서둘러 큰동생의 친구가 원장으로 있는 다른 병원으로 옮겼다. 엄마는 성인용 기저귀를 하고 소변 줄을 꽂고 계셨다.

당시 내가 일하던 정부세종청사 공무원 마음건강센터 상담실은 항상 예약으로 꽉 차 있었다. 자주 오래 자리를 비울 수는 없었다. 엄마 간호를 핑계로 며칠씩 휴가를 내는 것은 더군다나 어려운 일, 결국 잠을 줄이고 티 나지 않게 조용히 엄마한테 다니기로 했다. 퇴근하고 오송역으로 가서 KTX 기차를 타고 광명역까지 가면 유민이가 퇴근하고 광명역으로 와서 엄마 입원한 병원까지 데려다주었다.

엄마도 겁이 나셨나 보다. 요양보호사가 곁에 있어도, 내가 집으로 오기 위해 병실을 나올 때면 애처로운 아이 눈을 하고 쳐다보셨다. 엄마의 그 눈빛을 잊을 수 없다.

해가 바뀌고 2월이 다 지나서 엄마는 다시 엄마 집으로 가셨다. 건강해져서 퇴원한 게 아니라 '집에 가고 싶다'라는 엄마의 강한 의지를 동생들도 나도 막을 수 없었기 때문이었다. 담당 의사는 화들짝 놀라며 불가하다 했고, 나도 엄마가 잠시 동생 집에서 머물며 병원에 다니시길 바랐다.

중환자실을 거쳐 입원실 생활을 하며 엄마는 무슨 생각을 하신 걸까. 산소호흡기와 가득 찬 약봉지, 그리고 갖가지 의료기기와 함께 아버지의 흔적이 남아 있는 엄마 집으로 가셨다. 엄마가 퇴원하셨어도 나의 장거리 돌봄은 여전히 계속되었다.

가망이 없다던 엄마의 건강이 회복된 것은 요양보호사 덕분이었다. 날마다 공기 좋은 곳에 가서 꾸준히 걷기 운동을 하도록 도와주셨다. 병원에서 집으로 오셨을 때 처음엔 산소호흡기를 항상 끼고 계시고, 걷지도 못하고, 바닥에 앉지도 못하셨는데. 긴 병에 감정이 앞서는 딸보다 경험 많은 요양보호사가 훨씬 더 낫다 싶었다.

바다 위로 가는 해상 케이블카를 탔다. 오동도 동백이 활짝 피었다면 엄마 얼굴에도 동백꽃 닮은 환한 미소가 피었을 텐데 봉오리만 잡혀 있어 아쉬웠다.

"여기에 유민이랑 같이 왔었지? 나이 먹으면 추억으로 산다더니 그 말 맞다. 가만히 있으면 다 생각나. 향일암에서 편지 쓴 거."

아버지 보내드린 해에 엄마 모시고 향일암에 갔다. 바다가 보이는 벤치 옆에 빨간 우체통이 있는데 그곳에서 하늘에 계신 아버지께 편지를 보내셨다. 엄마는 말없이 추억하셨다. 여수는 겨울에도 기온이 영하로 떨어지지 않아 엄마와 나들이하기에 딱 좋았다. 흐린 날이었지만 다행히 바람도 매섭지 않았다.

휴대용 산소발생기를 챙겨오긴 했지만, 엄마 컨디션이 좋아 그냥 지내보기로 했다. 하멜 등대가 보이는 곳에서 잠시 머물다 이른 저녁을 먹었다. 서대회랑 갈치구이를 맛있게 아주 잘 드셨다. 디저트로 포장마차 거리에서 문어 빵도 남김없이 드셨다. 산소호흡기 도움 없이 엄마와 바다를 바라보고 있다는 것이 나에겐 기적이었다.

엄마는 온돌방을 좋아하신다. 바닥에 앉았다 일어나는 게 힘든 엄마를 위해 침대가 있으면서 바닥이 온돌인 방을 예약해야 했다. 연말에 해넘이와 해돋이를 보려고 여행객들이 많아서인지 숙소 구하는 것이 보통 일은 아니었다. 열심히 '지도 보고 찾고 전화하고'를 반복했다. 꼬박 한나절을 투자했다. 행운이었다. 계단 없고 침대가 있는 온돌방에, 더구나 침대에서 해돋이 전망이 가능한 방을 예약할 수 있었다.

엄마는 뜨뜻하게 온기가 퍼진 온돌바닥이 좋다며 잠시 등을 대고 누우셨다가 그대로 잠이 드셨다. 오랜만에 장거리 여행이 피곤하셨나 보다. 앉았다 일어나는 게 힘드셔서 침대에서 주무시련 했건만….

보청기를 빼드리고 엄마 얼굴을 바라보았다. 머리카락은 많이 빠졌지만, 여전히 고우시다. 엄마 숨소리도 괜찮다. 주무시다 깨어 혹시 출출하실까 봐 빵과 딸기, 두유를 손 닿기 좋은 거리에 챙겨두었다.

잠들기 전에 동생들에게 전화할까 갈등하다 접었다. 예전 같으면 벌써 동생들도 부르고 성가시게 했을 텐데, 달라진 내 모습에 피식 웃음이 났다.

아직 어두운데 잠결에 엄마 움직임이 느껴졌다.

"엄마, 화장실 가시게?"

"왜 일어나? 어서 더 자. 난 빵이랑 딸기랑 먹었다. 배 안 고프니 걱정 말고 어서 더 자."

옆방에서도 들릴 만큼 큰 소리다. 보청기를 빼면 엄마는 목소리가 커진다.

"응!"

짧게 대답하고 다시 누웠다. 가만히 엄마를 바라보았다. 깜깜한데도 엄마의 실루엣이 보였다. 엄마는 내 쪽을 쳐다보다 드시던 빵을 내려놓고 다시 누우셨다. 아마도 내가 깰까 봐? 아무 소리도 들리지 않는 적막함 속에서 순간 콧등이 시큰해졌다.

엄마 등 뒤에서 조용히 '가족세우기' 치유의 언어를 건넸다.

'엄마는 크고 저는 작습니다.'

'엄마는 주시고 저는 받습니다.'

'엄마의 사랑을 온전히 받습니다.'

깜깜한 새벽, 잠결에 내가 본 것은 엄마의 등에 새겨진 사랑이었다.

김명서

상담자로 자기 성찰을 위해 공부와 수련을 반복하며 자기 역량을
확대하고 있다. 많은 이론 중 버트 헬링거의 '가족세우기' 치료는
가족 안에서의 '나'에 대해 깊이 바라보며 그 과정에서 자기(self)에
대해 확장되어가는 자아를 만날 수 있다. 나에게 있어 '가족세우
기' 과정은 있는 그대로, 있었던 그대로 온전히 인정하고 받아들이
는 고통의 과정이기도 했다. 이번 공저는 그동안 나의 힘든 여정을
다시 뒤돌아 바라보는 시간이었고, 다시 쓰는 삶의 기록이기도 했
다. 평범하지 않다고 생각한 경험은 부끄럽고 감추고 싶은 모습이
아니라 그저 안쓰러운 과거의 모습이었다. '가족세우기 장(場)'에서
사람들의 삶에 대해 비판이나 평가를 하지 않고 그들의 살아온 삶
에 대해 있는 그대로 바라보는 눈을 갖게 되었다. 또한 겸손을 배

우고 있다. 이번 공저는 참여한 저자들의 삶의 아픔과 성장 과정을 압축해서 담아낸 소중한 책이라 더 의미가 있다. 각자 자신의 삶을 내보이며 사람들에게 '가족세우기'의 힘을 알려주고자 용기 낸 공저자들의 마음을 존중하며, 나를 비롯한 모든 공저자들의 노고에 '감사'라는 사랑의 언어를 보낸다.

김지안

일반적이지 않은 나의 이야기를 풀어내려 할 때, 마치 길가에 벌거벗은 채로 서 있는 듯한 부담감을 느꼈다. 가족에 대해 이야기하는 것은, 마음 한구석에 남아 있는 응어리를 드러내는 과정이었다. 글을 써 내려가면서, '내가 왜 부끄러워해야 하는지, 나는 단지 그 상황에서 최선을 다했을 뿐이다'라는 생각이 들었다. 이런 억울함을 '가족세우기' 장에서 해소하기로 했다. 다른 사람의 대리인을 하며 내 의지와 무관하게 몸이 움직이고, 말이 나오는 나 자신을 발견했을 때의 놀라움은 이루 말할 수 없었다. 힘들었던 시기들이 실제로는 나의 삶을 이끈 원동력이 되었으며, 앞으로 나아가기 위한 튼튼하고 안전한 기반임을 '가족세우기'를 통해 깨달았다. 어려움 속에서도 버틸 수 있었던 것은 조상님들의 보살핌이 함께했기 때문이었다. '가족세우기' 장에서의 경험을 통해 성장한 나를 격려하고 사랑하는 법을 배웠다. 더 이상 남의 시선을 의식하거나 거짓된 자아에 얽매이지 않기로 했다. '가족세우기'를 통해 나는 변화하고 성장하여 당당하게 '참자기'로 살기로 했다.

박도경

가족으로 살면서 경험하는 어려움과 그 긴 여정을 통과하며 알아
낸 삶의 지혜를 담아내고자 하는 이 책의 취지를 잘 알고 있다. 그
과정에서 '가족세우기'라는 치료법의 도움을 받아 어려운 고비를
통과한 사람들이 맛볼 수 있는 달콤한 행복을 전해주고, 읽는 이들
에게 도움을 주고자 하는 의도도 잘 안다. 그렇기에 나의 현재 이
야기를 쓰는 것이 도움이 될 수 있을까 고민하기도 했다. 그러나
시간의 흐름에 따라 가족의 형태도 다변화되고 있는 게 현실이다.
이미 1인 가구나 딩크족, 딩펫족, 이혼 가족, 다민족으로 구성된 가
족 등 다양한 가족의 형태가 생겨나고 있다. 욜로족이 말하는 것처
럼 인생은 한 번뿐이다. 혹여 한 번의 실패를 영원한 실패로 받아
들이지 말기를 바라는 마음으로, 그 상황에서 다시 나를 일으켜 세
워 방향을 수정하고 살아갈 동력을 찾을 수 있기를 바라는 마음으
로 글을 썼다. 무엇보다 이번 책 쓰기 과정을 통해 '가족세우기'처
럼 있는 그대로의 나를 보여줌으로써 더욱 내 자신과 가까워지는
계기가 되었다. 좋은 기회를 주신 자이언트 '글빛백작' 두 분과 과
정 내내 아낌없이 격려해주신 공저 작가님들께 감사를 전한다.

박서정

결혼 후 10년이라는 경력 단절과 종갓집 맏며느리로의 삶이 쉽지
않았다. 삶에 찌들어 하루하루 힘겨움에 씨름했던 나를 위해, 잃

어버린 10년을 회복하기 위해 다시 공부를 시작했다. 남편도 아이들도 모두 제자리를 찾도록 도와주면서 나 역시 내가 원하는 삶의 궤도에 당당히 서고 싶었다. 하지만 지금까지 배워왔던 지식으로는 이해하지 못하는 상황들을 접하게 되면서 나의 존재 이유에 대해 탐색하게 되었다. 불교에서 말하는 '원겸어업(願兼於業)'의 법리를 좋아한다. 상담 사업을 하고 싶었지만, 학교에서 힘들어하는 아이들을 보면서 전 생애 가장 중요한 청소년기인 그들에게 조금이나마 도움이 되고자 아직도 학교 현장을 떠나지 못하고 있다. 석사 후 '가족세우기'를 공부하면서 삶의 다양성을 있는 그대로 존중하는 법을 알게 되었다. 그리고 얽혀 있는 우리의 삶이 소속과 질서, 그리고 사랑의 균형을 간절히 원한다는 것도 확인할 수 있었다. 앞으로의 시간은 '가족세우기'를 통해 사람들과 함께 나누는 삶을 살고 싶다. 이 에세이를 통해 '가족세우기'가 널리 알려지길 희망한다.

박진현

이번 공저를 쓰면서 '가족세우기'를 만나 변화한 나와 우리 가족의 모습들을 회상하며 긴 여행을 한 것 같다. '가족세우기'는 내가 보는 가족관계 이면의 질서와 사랑을 체휼케 했다. 힘들었던 내 삶에 흐르고 있던 깊은 사랑을 알게 해주었고, 그로 인해 삶의 여정을 그대로 수용하여 살아낼 힘을 주었다. 종종 삶이 힘에 부칠 때 나는 어머니를 세웠던 장면을 떠올린다. 처음에 어머니와 마주 섰을 때 그 사랑이 흐르지 못했다. 일찍 고아가 된 어머니 역시 사랑을 못 받았다. 그 뒤에 어머니의 어머니를 세우고, 그 뒤로 7대의 어머니들을 세웠다. 내 앞에 어머니와 할머니들이 나를 보며 섰다. 모계를 따라 생명을 탄생시키며 이어져온 사랑의 에너지. 할머니들이 볼 때 우리 엄마도 단지 어린 딸이었구나…. 그 딸이 딸을 낳아 죽지 않고 살아낸 삶을 애처로이 바라보는 할머니들의 사랑. 그 순간 공명되어 가슴으로 어머니의 사랑이 느껴졌다. 그 뜨거운 사랑에 눈물이 차올랐다. 나는 어머니의 딸이다. 사랑으로 나를 낳아 키우며 생명을 지켜내셨다. 어머니로부터 흐르는 사랑이 나에게 닿아 나는 나의 삶을 온전히 살아낸다.

서순자

글쓰기를 하는 중에 '가족세우기'를 경험하면서 변화해왔던 나의 모습이 보였다. '가족세우기' 안내자로서 실패했던 경험들이 떠올라 머릿속이 복잡해지기도 했다. 어떻게든 잘해보려고 했었던 마음이 보였다. '가족세우기'는 안내자가 자기 의도대로 진행하는 것이 아니고, 장의 흐름을 따라가는 것이 더 중요하다는 생각을 다시금 하게 되었다. 내가 '가족세우기'를 통해 많은 성장을 해왔기에, 이 책을 선택한 사람들이 '가족세우기'를 직접 경험해보기를 바라는 마음이 올라왔다. 처음엔 무엇을 써야 할지 고민이 되었다. 시작하고 보니 쓸 이야기들이 넘쳐났다. 내 삶 속에서 '가족세우기'를 어떻게 적용하며 살아왔는지를 볼 수 있는 귀한 시간이었다. 마지막 퇴고를 하는 시점에는 아들들과의 미국 여행으로 글쓰기 마무리에 차질을 빚을 뻔했다. 시공간을 초월할 수 있는 세상 덕분에 미국에서 원고를 마감할 수 있게 되었다. 지금의 내가 이런 예상치 못한 일상을 만나도 흔들리지 않고 유연하게 하나씩 해결해나갈 수 있게 되었음에 감사한다.

임성희

나이 반백 살, 결혼 25주년, 내 삶의 기록이다. 이 숫자 안에서 수많은 일이 일어났다 사라졌다. 개인으로 태어나 한 아버지와 두 엄마를 만났고, 남편을 만나 또 다른 가정을 이루어 부모가 되었다. 다음에는 더 많은 자손을 만나게 될 것이다. 그럼 난 이곳에 혼자 왔는가? 아니다. 나의 부모가, 그 위에 조상들이, 그리고 더 이전의 선조들이 나의 유전자 속에 나와 함께 있는 것이다. '가족세우기'는 문제를 문제라고 보던 관점에서 벗어나 이제는 풀어야 하는 과제였다는 것을 깨닫게 해주었다. 그 어떤 일과 사람도 소외시키거나 무시해선 안 된다고 알려주고 있다. 도덕적인 판단과 평가를 넘어서야 한다고 말해주고 있다. 그 모두는 존중받아 마땅하다는 것이다. '있는 그대로, 있었던 그대로 존중하고 사랑합니다'라는 '가족세우기'의 치유 언어처럼 말이다. 현상을 넘어 이면(裏面)을 바라보는 작업, '가족세우기'는 우리에게 현상이 아닌 그 이면을 보라고 한다. '가족세우기' 상담사로서 각자의 삶 속에 숨겨져 있는 이면을 바라보는 작업을 계속할 것이다.

조남희

'가족세우기'는 삶의 문제들을 해결하는 통합 치유 프로그램입니다. 누구나 행복하기를 원합니다. 행복은 가족으로부터 시작되고 완성되어야 하지만, 때론 안타깝게도 가족이 불행의 씨앗이 되기도 합니다. '가족세우기'는 가족관계로부터 발생한 고통의 근원을 찾아 해결해주는 가족치료 방법입니다. '가족세우기' 프로그램은 매우 독특합니다. 의뢰인들이 하소연하는 주제를 대역들을 통해 보여줍니다. 인도자는 나타난 현상을 가지고 치유합니다. 가족들 간에 얽혀 있던 문제들을 치유하여 풀림을 가져다줍니다. 회복된 사랑의 힘으로 참석자는 물론, 참여하지 않은 가족 전체가 치유 효과를 경험할 수 있습니다. '가족세우기'는 '개인 무의식과 가족의 집단 무의식을 찾아주는 퍼즐 맞추기'라고 한 문장으로 정의할 수 있습니다. '너 자신을 알라'라는 소크라테스의 명언을 실현하도록 도와주는 프로그램이기 때문입니다. 더 건강하고 행복하고 성공적인 삶으로 인도하는 '가족세우기', 기회 되시면 경험해보시길 바랍니다. 나와 내 가족을 찾아 떠나는 치유 여행으로 초대합니다.

조왕신

아팠다. 목이 너무 아프고 기침이 심해서 잠을 잘 수 없었다. 의사는 원인을 알 수 없는 바이러스에 의한 증상이라 했다. 목이 심하게 부었으니 당분간 말하지 말고 쉬라는데 벌여놓은 일이 많아 난

감했다. 쉬는 것도 아니면서 일한다고 하기도 어정쩡한 날이 열흘이나 계속되었다. 잰걸음으로 명절 장을 보는 사람들을 보니 정신이 번쩍 들었다. 내일이면 설 연휴 시작이다. 객지에서 자기 삶을 치열하게 살았을 내 아이들이 집으로 돌아온다. 지치고 힘들었다면 푹 쉴 수 있도록 내 품을 넉넉히 내어줘야지. 자신의 힘으로 애써서 이룬 작은 성공이 있다면 몇 번이고 자랑할 수 있도록 나도 손뼉 치며 기뻐해줘야지. 아들은 금방 뜸을 들인 밥에 조물조물 무친 나물 반찬을 먹고 싶다 했다. 딸은 오로지 갈비찜이 최고라고 했다. 이번 설에는 사랑 듬뿍 뿌려 무쳐낸 나물과 정성으로 끓여낸 갈비찜으로 차례상을 차려야겠다. 사랑이 흐르는 설을 맞아야겠다. '가족세우기'는 특별한 날 장에서 이루어지는 것만은 아니다. 매 순간 우리의 삶 속에서 만나는 사랑과 질서를 통해 성장하고 자유로워지는 것이 진정한 '가족세우기'이다.